Stefan Ehrhardt

Wertschöpfungsprozesse

Die kundenorientierte Optimierung von Unternehmensaktivitäten

Ehrhardt, Stefan: Wertschöpfungsprozesse: Die kundenorientierte Optimierung von Unternehmensaktivitäten, Hamburg, Igel Verlag RWS 2014

Buch-ISBN: 978-3-95485-061-7
PDF-eBook-ISBN: 978-3-95485-561-2
Druck/Herstellung: Igel Verlag RWS, Hamburg, 2014

Bibliografische Information der Deutschen Nationalbibliothek:
Die Deutsche Nationalbibliothek verzeichnet diese Publikation in der Deutschen Nationalbibliografie; detaillierte bibliografische Daten sind im Internet über http://dnb.d-nb.de abrufbar.

Das Werk einschließlich aller seiner Teile ist urheberrechtlich geschützt. Jede Verwertung außerhalb der Grenzen des Urheberrechtsgesetzes ist ohne Zustimmung des Verlages unzulässig und strafbar. Dies gilt insbesondere für Vervielfältigungen, Übersetzungen, Mikroverfilmungen und die Einspeicherung und Bearbeitung in elektronischen Systemen.

Die Wiedergabe von Gebrauchsnamen, Handelsnamen, Warenbezeichnungen usw. in diesem Werk berechtigt auch ohne besondere Kennzeichnung nicht zu der Annahme, dass solche Namen im Sinne der Warenzeichen- und Markenschutz-Gesetzgebung als frei zu betrachten wären und daher von jedermann benutzt werden dürften.

Die Informationen in diesem Werk wurden mit Sorgfalt erarbeitet. Dennoch können Fehler nicht vollständig ausgeschlossen werden und die Diplomica Verlag GmbH, die Autoren oder Übersetzer übernehmen keine juristische Verantwortung oder irgendeine Haftung für evtl. verbliebene fehlerhafte Angaben und deren Folgen.

Alle Rechte vorbehalten

© Igel Verlag RWS, Imprint der Diplomica Verlag GmbH
Hermannstal 119k, 22119 Hamburg
http://www.diplomica.de, Hamburg 2014
Printed in Germany

"The problem with most companies that have failed […] is not that they tried to change too little, but that they tried to change too much."

(Ghoshal / Bartlett 1996, S. 23)

INHALTSVERZEICHNIS

ABBILDUNGSVERZEICHNIS 4

ABKÜRZUNGSVERZEICHNIS 5

1. **EINLEITUNG** 7

2. **ASPEKTE DER GESCHÄFTSPROZESSOPTIMIERUNG** 10
    2.1. Funktionsorientierung vs. Prozessorientierung 10
    2.2. Theorien zur Geschäftsprozessoptimierung 11
        2.2.1. Business Process Reengineering nach Hammer und Champy 12
        2.2.2. Prozessoptimierung nach Kaizen 13
        2.2.3. Prozesskettenmanagement nach dem Fraunhofer-Institut für Materialfluss und Logistik 14
        2.2.4. Ergebnisorientierte Gegenüberstellung der Modellierungsmethoden 15
    2.3. Gestaltungstechniken zur Prozessvisualisierung 16
        2.3.1. Folgepläne 19
        2.3.2. Folgestrukturen 20
        2.3.3. Blockdiagramme 21
    2.4. Zusammenfassung 21

3. **ERMITTLUNG DER UNTERNEHMENSSITUATION UND ANALYSE** 23
    3.1. Das Unternehmen 23
    3.2. Auftragsabwicklung in der Theorie 24
    3.3. Ziele der Prozessmodellierung und -optimierung 25
        3.3.1. Minimale Durchlaufzeit 26
        3.3.2. Minimale Kosten 28
        3.3.3. Maximale Qualität 29
    3.4. Auswahl der zu betrachtenden Geschäftsprozesse und Abgrenzung 31
        3.4.1. Vertrieb 33
        3.4.2. Konstruktion, Arbeitsvorbereitung, Sachbearbeitung, Disposition und Einkauf 33
        3.4.3. Fertigung und Montage 34
    3.5. Zusammenfassung 35

INHALTSVERZEICHNIS

4. ERARBEITUNG EINER MODELLIERUNGSBASIS 36

    4.1. Aufnahme der Prozessabläufe 36

    4.2. Probleme bei der Erfassung 37

    4.3. Prozesse visualisieren 38

        4.3.1. Auftragszuordnung 39

        4.3.2. Konstruktion 41

        4.3.3. Disposition und Einkauf 43

        4.3.4. Arbeitsvorbereitung 45

        4.3.5. Sachbearbeitung 46

    4.4. Messen der Prozessleistungen 48

        4.4.1. Prozesszeiten 49

        4.4.2. Prozesskosten und –mengen 50

        4.4.3. Prozessqualität 51

        4.4.4. Qualitative Bewertung der Prozessleistung 52

    4.5. Schwachstellenanalyse 53

    4.6. Zusammenfassung 55

5. MODELLIERUNG DER SOLL-PROZESSE 56

    5.1. Betrachtung der zu modellierenden Prozesse 56

        5.1.1. Schnittstellen 57

        5.1.2. Wertschöpfende Merkmale 57

        5.1.3. Schwachstellen 58

    5.2. Design der Soll-Prozesse 59

    5.3. Zusammenfassung 60

6. VORSTELLUNG DER VERBESSERUNGSMAßNAHMEN 61

    6.1. Einsatz von Barcode-Scannern 61

    6.2. Drei separate Stücklisten 63

    6.3. Computergestützte Bearbeitung der Arbeitspapiere 64

    6.4. Auswertung der Zielerreichung 69

    6.5. Zusammenfassung 71

7. IMPLEMENTIERUNG DER SOLL-PROZESSE 72
- 7.1. Vorstellung der kontaktierten Softwareentwickler 72
- 7.2. Kriterien zur Auswahl des geeigneten Entwicklers 74
- 7.3. IT – Systemanpassung 77
- 7.4. Migrationsplan 78
  - 7.4.1. Vorbereitende Maßnahmen 79
  - 7.4.2. Schulungsmaßnahmen 79
  - 7.4.3. Implementierung im Pilotbereich 80

8. VORSCHLÄGE FÜR WEITERGEHENDE VERBESSERUNGEN 81

9. EMPFEHLUNG 85

10. ZUSAMMENFASSUNG 88

LITERATURVERZEICHNIS 89

ABBILDUNGSVERZEICHNIS

Abbildung 1: *Prozessorientierung eines Geschäftsprozesses* 11

Abbildung 2: *Hauptaspekte einer Prozessoptimierung im Überblick* 14

Abbildung 3: *Vergleichende Darstellung verschiedener Methoden zur Prozessoptimierung* 15

Abbildung 4: *Symbole der grafisch-strukturellen Techniken und ihre Bedeutung* 18

Abbildung 5: *Lösungsansätze zur Durchlaufzeitverkürzung* 27

Abbildung 6: *Prozessablauf in der Auftragszuordnung* 40

Abbildung 7: *Prozessablauf in der Konstruktion* 42

Abbildung 8: *Prozessablauf in der Disposition und im Einkauf* 44

Abbildung 9: *Prozessablauf in der Arbeitsvorbereitung* 45

Abbildung 10: *Prozessablauf in der Sachbearbeitung* 47

Abbildung 11: *Durchlaufzeiten-Prozesskosten-Diagramm* 49

Abbildung 12: *Qualitative Darstellung der Prozessleistung des Ist-Zustands* 52

Abbildung 13: *Schnittstellen der Blackbox AV und SB* 57

Abbildung 14: *Soll-Prozess der Arbeitspapiererstellung* 59

Abbildung 15: *Lösungsvorschlag zur computergestützten Bearbeitung der Arbeitspapiere* 65

Abbildung 16: *Prozessvolumen nach dem Einleiten der Optierungsmaßnahmen* 69

Abbildung 17: *Realisierbares Einsparungspotential bei der Fertigung einer praxisüblichen Anlage* ... 70

Abbildung 18: *Vergleichende Darstellung der Verbesserungsmaßnahmen* 71

Abbildung 19: *Aufstellung der kontaktierten Softwareentwickler* 73

Abbildung 20: *Fünf Teilschritte der Nutzwertanalyse* 75

Abbildung 21: *Kriterien zur Beurteilung von Softwareentwicklern* 76

Abbildung 22: *Migrationsplan* 78

ABKÜRZUNGSVERZEICHNIS

AV	Arbeitsvorbereitung
BDE	Betriebsdatenerfassung
BMWI	Bundesministerium für Wirtschaft und Arbeit
BPR	Business Process Reengineering
Bspw.	Beispielsweise
CAD	Computer Aided Design
DLZ	Durchlaufzeit
DV	Datenverarbeitung
ERP	Enterprise Ressource Planning
FMEA	Fehlermöglichkeits- und Fehlereinflussanalyse
F&M	Fertigung und Montage
FhG-IML	Fraunhofer-Institut für Materialfluss und Logistik
IHP	Institut für Integrierte Produktion
IT	Informationstechnologie
Knr.	Kommissionsnummer
KVP	Kontinuierlicher Verbesserungsprozess
p. a.	per annum
PC	Personal Computer
PK	Prozesskosten
PPS	Produktionsplanung und Steuerung
REFA	*Früher Abk. für* Reichsausschuss für Arbeitszeitermittlung *Heute:* Verband für Arbeitsstudien, REFA e. V.
SB	Sachbearbeitung
Stüli	Stückliste
TB	Technisches Büro
VDMA	Verband Deutscher Maschinen- und Anlagenbau e.V.
WMS	Workflow-Management-Systeme
WWW	World Wide Web

1. EINLEITUNG

„Zu häufige Prozesserneuerungen schaffen Turbulenzen und Orientierungslosigkeit. Zu wenige Erneuerungen führen zu Trägheit und Rückstand." [1]

Die konjunkturell angespannte Wirtschaftslage, zunehmende Globalisierung der Märkte, immer kürzere Innovationszyklen, zunehmender Konkurrenzdruck und nicht erfüllte Gewinnerwartungen führen viele Unternehmen in eine Krise.

Während in der Vergangenheit die Wahl der richtigen Wettbewerbsstrategie ursächlich für den Unternehmenserfolg gesehen wurde (das „richtig" differenzierte Produkt oder die Wahl des „richtigen" Marktsegments sollte selbst schwache Unternehmen wieder zu Marktführern ihrer Branche machen), zeichnet sich eine Abkehr von den ehemals wichtigsten Erfolgsfaktoren ab. In den Blickpunkt rücken neu zu bewältigende Hindernisse auf dem erfolgreichen Weg aus der Krise, wie undurchsichtige betriebliche Abläufe, mit den Folgen von Redundanzen, Ineffizienz und einem entsprechend erhöhten, gemeinkostenverursachenden Koordinationsbedarf.[2]

Als Konsequenz bedarf es einer umfassenden, tief greifenden Veränderung der Unternehmensstrukturen, um so Prozesse wieder auf ihre wertschöpfenden Aktivitäten zurückzuführen und das interne Kostenproblem zu lösen.

Im Rahmen der Geschäftsprozessoptimierung wird das Ziel verfolgt, die Unternehmensaktivitäten und -ressourcen auf die kundenorientierte Optimierung von Wertschöpfungsprozessen, insbesondere die Entwicklung, die Produktion und den Vertrieb von Produkten zu konzentrieren. Nur durch eine derartige Fokussierung kann das vorrangige Unternehmensziel der langfristigen Wettbewerbsfähigkeit auf einem globalen und immer härter umkämpften Markt sichergestellt werden.[3]

Dieses Unternehmensziel kann jedoch nur dann erreicht werden, wenn zahlreiche Schwachstellen beseitigt werden, die häufig aus den historisch gewachsenen Strukturen des Unternehmens resultieren. Diese Strukturen sind in erster Linie durch eine funktionale Aufbauorganisation gekennzeichnet. Je nach Unternehmensgröße und Komplexität der Aufgaben, werden die Prozesse heute durch diese statischen Organisationsstrukturen gelähmt. So ist in der Regel in die Abwicklung eines Auftrages eine große Anzahl von Abteilungen involviert, wodurch sich vielfältige Schnittstellen und Medienbrüche ergeben. Dies bringt erhebliche Verluste mit sich, die sich in unverhältnismäßig hohen Durchlaufzeiten niederschlagen. Zahlreiche Untersuchungen in verschiedenen Unternehmen belegen, dass sich die gesamte Durchlaufzeit eines Auftrages zu 90 % – 95 % aus Liege- und Wartezeiten und nur zu 5 % – 10 % aus Bearbeitungszeiten zusammensetzt.[4]

---

[1] Schmelzer / Sesselmann (2002), S. 213.
[2] Vgl. Gaitanides / Scholz / Vrohlings / Raster (1994b), S. 2.
[3] Vgl. Winz / Quint (1997), S. 10.
[4] Vgl. Augustin (1990), S. 31-34.

Die tradierten Strukturen in den Unternehmen sind der durch die veränderten Marktbedingungen entstandenen Komplexität nicht mehr gewachsen. Vor dem Hintergrund dieser Entwicklung haben die Unternehmen die Vorteile einer prozessorientierten Unternehmensorganisation erkannt.

Durch die konsequente Prozessorientierung ist die wichtige Transparenz über die bisher weitestgehend im Verborgenen ablaufenden Prozesse, deren Ressourcenverzehr und Beitrag zur Wertschöpfung herstellbar. Mit einer detaillierten Prozessbetrachtung lässt sich analysieren, wo unnötige Bearbeitungs- und Pufferzeiten[5], Transport- sowie Lagerprozesse den Auftragsablauf verlängern und wo Abstimmungsaufwände und Informationsdefizite durch ein effizientes Schnittstellenmanagement reduziert werden müssen.[6]

Erst durch die geschaffene Transparenz kann die zum Ausgleich und Beherrschen der Komplexität notwendige Flexibilität entstehen. Das wird insbesondere dann deutlich, wenn man die Gewichtung der Faktoren zur nachhaltigen Differenzierung vom Wettbewerb betrachtet.[7] So kann durch eine gut strukturierte Ablauforganisation eine Differenzierung je nach Branche von bis zu zehn Jahren erreicht werden. Im Vergleich dazu liefert ein neues Produkt einen Vorsprung von bis zu drei Jahren und eine neue Fertigungstechnologie von bis zu maximal fünf Jahren. Spätestens nach diesem Zeitraum hat die Konkurrenz das Produkt analysiert und kopiert, beziehungsweise gleichwertige Fertigungstechnologien eingeführt.[8]

Vor dem beschriebenen Hintergrund ist es daher Ziel der vorliegenden Arbeit, die betrieblichen Abläufe des Unternehmens transparent darzustellen sowie Verbesserungsmaßnahmen zu entwickeln und deren Umsetzung einzuleiten.

Das Hauptaugenmerk der Arbeit ist auf die Visualisierung der betrieblichen Abläufe gerichtet. Daher wird im zweiten Kapitel eine grundlegende Einführung in verschiedene Ansätze zur Geschäftsprozessoptimierung und in die Darstellung von Geschäftprozessen gegeben. Die vermittelte Methodik des Prozesskettenmanagements und der Folgepläne werden im weiteren Verlauf der Arbeit praktisch angewandt.

Nach dem einleitenden Teil der Arbeit folgt ein Übergang zur Betrachtung der Unternehmenssituation. Ziel des dritten Kapitels ist die Festlegung ehrgeiziger Optimierungsziele und einer problemorientierten Ausgrenzung betrieblicher Geschäftsprozesse, welche einer näheren Betrachtung unterzogen werden.

Im vierten Kapitel werden die auftragsbegleitenden Prozesse aufgenommen und visualisiert, um somit Transparenz in den Abläufen zu schaffen und die bisher weitgehend im

---

[5] „Bei den *Pufferzeiten* handelt es sich um die Zeitreserven, um die ein Vorgang ausgedehnt werden kann, ohne den Endtermin des Projektes zu beeinflussen." Definition aus Thommen / Achleitner (1998), S. 381.
"Ein *Vorgang* ist dabei ein zeitbeanspruchendes Geschehen, das durch ein Anfangs- und Endereignis bestimmt wird." Definition aus Thommen / Achleitner (1998), S. 378.
[6] Vgl. Winz / Quint (1997), S. 11.
[7] Vgl. Kemmner (1995), S. 1-18 und Wildemann (1992), S. 15-24.

Verborgenen ablaufenden Unternehmensprozesse zu identifizieren. Auch werden im Anschluss die in der Literatur zentral genannten Leistungsparameter der Prozesszeiten, -kosten und -qualität gemessen.

Das fünfte Kapitel beschäftigt sich mit dem Design der Soll-Prozesse. Dabei werden die Schnittstellen und wertschöpfenden Merkmale des Ist-Zustands in die Gestaltung der Soll-Prozesse eingebunden sowie die identifizierten Schwachstellen eliminiert.

Nun rücken im sechsten Kapitel die Verbesserungsmaßnahmen in den Mittelpunkt der Betrachtung. Grundlegend werden die Problembereiche vorgestellt sowie Lösungsvorschläge und Umsetzungsmöglichkeiten unterbreitet. Abschließend erfolgt eine Auswertung der Zielerreichung.

Das siebte Kapitel behandelt die Implementierung der Verbesserungsmaßnahmen. Sowohl kontaktierte Softwareentwickler als auch Vorgehensweise und Kriterien einer effizienten Angebotsauswahl werden vorgestellt. Der daran anschließende Migrationsplan dient dem Projektteam als unterstützendes Werkzeug, wann welche Maßnahmen einzuleiten sind.

Nachfolgend werden im achten Kapitel weitere Verbesserungspotentiale aufgezeigt und erste Verbesserungsvorschläge skizziert.

Schließlich werden im neunten Kapitel die Ergebnisse der vorliegenden Arbeit in einer Empfehlung zusammengeführt.

---

[8] Vgl. Eversheim (1995), S. 16.

2. ASPEKTE DER GESCHÄFTSPROZESS-OPTIMIERUNG

Zunächst wird in diesem Kapitel gezeigt, dass sich gegenwärtig ein Umdenken der Unternehmen von der Funktionsorientierung hin zur Prozessorientierung abzeichnet. Anschließend werden verschiedene Theorien zur Geschäftsprozessoptimierung vorgestellt, wobei die Verfahren des Business Process Reengineering nach Hammer und Champy, die Prozessoptimierung nach Kaizen und das Prozesskettenmanagement nach dem Fraunhofer Institut für Materialfluss und Logistik im Detail erläutert und anschließend einander gegenübergestellt werden. Im Anschluss daran wird auf einige Gestaltungstechniken zur Prozessvisualisierung eingegangen, wobei die in der Literatur zentral genannten Methoden der hierarchischen Prozessmodelle, Matrizendarstellungen und grafisch-strukturelle Techniken näher analysiert werden. Bedingt durch die einfache und verständliche Handhabung der grafisch-strukturellen Techniken, zu Beginn einer Untersuchung einen umfassenden, leicht darzustellenden Gesamtüberblick über den Gestaltungsbereich und seine relevante Umwelt zu ermöglichen, werden diese im Anschluss gründlich untersucht und in Folgepläne, Folgestrukturdiagramme und Blockdiagramme unterschieden. Dieses Kapitel abschließend werden in einer Zusammenfassung die für die folgenden Kapitel wichtigen Methoden nochmals herausgestellt.

2.1. FUNKTIONSORIENTIERUNG VS. PROZESSORIENTIERUNG

In den letzten Jahren haben sich die Marktbedingungen entscheidend verändert. Vor allem der Faktor Zeit hat deutlich an Gewicht gewonnen. Die Innovationszyklen und folglich die Entwicklungszeiten wurden verkürzt, wobei gleichzeitig die von den Kunden geforderte Variantenzahl anstieg. Bedingt durch die Globalisierung und eine internationale Konkurrenz steigt der Druck, sensibel auf Kundenforderungen zu reagieren.[9]

Vor diesem Hintergrund hat sich die herkömmliche Funktionsorientierung bei einer Vielzahl von Unternehmen als Hindernis erwiesen. Die starke Arbeitsteilung[10] zieht eine Vielzahl von Schnittstellen in den betrieblichen Abläufen, lange Durchlaufzeiten aufgrund langer Liege- und Transportzeiten und mehrfache Einarbeitungszeiten der einzelnen Mitarbeiter in den jeweiligen Vorgang nach sich. Insgesamt erfordert die Arbeitsteilung einen erheblichen Planungs- und Koordinationsaufwand und erschwert die flexible Reaktion auf wechselnde Anforderungen.[11] Weiterhin führt eine strikte Strukturierung nach Organisationseinheiten dazu, dass Tätigkeiten innerhalb der Organisationseinheit optimiert und dabei die Auswirkungen auf andere Bereiche sowie

---

[9] Vgl. IHP (2001), S. 9.
[10] Z. B. Marketing, Entwicklung, Fertigung, Vertrieb und Service.
[11] Vgl. Dersztele (2000), S. 38-39.

die Gesamtauswirkung nur ungenügend berücksichtigt werden. Gleichzeitig fehlt sowohl das Wissen als auch das Verständnis für die Belange anderer Bereiche im Unternehmen. Daraus entstehen „geistige Mauern" zwischen Organisationseinheiten, die eine effiziente Zusammenarbeit verhindern.[12]

Die prozessorientierte Gestaltung der Arbeitsabläufe überwindet die genannten Schwierigkeiten durch eine grundlegend andere Herangehensweise. Die Vorgangsbearbeitung wird nicht gemäß der Organisationsstruktur eines Unternehmens durchgeführt, sondern anhand der Wertschöpfungskette innerhalb des Unternehmens.[13]

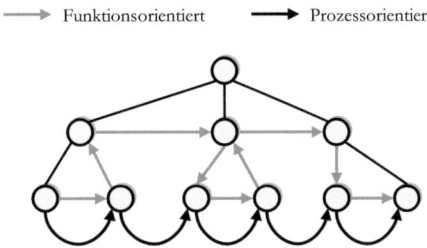

Abbildung 1: *Prozessorientierung eines Geschäftsprozesses* [14]

In der Praxis bedeutet dies, dass vorab die optimale Abfolge von Tätigkeiten gesucht und erst danach bestimmt wird, wer diese Tätigkeiten am sinnvollsten ausführen sollte.[15]

Das heißt, dass die Prozess- gegenüber der Funktionsorientierung Vorteile aufweist, wie z. B. eine geringere Fehlerquote durch transparente Zusammenhänge, entscheidend kürzere Durchlaufzeiten und weniger Reibungsverluste im Ablauf durch eine verringerte Anzahl von Schnittstellen und demzufolge geringeren Aufwand und Kosten bedeuten.[16]

2.2. THEORIEN ZUR GESCHÄFTSPROZESSOPTIMIERUNG

„Ein Prozess ist eine Struktur, deren Elemente Aufgaben sind, die durch logische Folgebeziehungen verknüpft sind. Er hat einen definierten Input und Output und dient dazu, einen Wert für Kunden zu schaffen." [17]

In der Literatur werden verschiedene Ansätze aufgeführt, um die Prozessorganisation in einem Unternehmen zu optimieren. Dabei können die Vorschläge grob in zwei Standpunkte unterschieden werden. Auf der einen Seite spricht man von dem Business Process Reengineering (BPR), bei dem die Prozessorganisation auf der Ebene des

---

[12] Vgl. IHP (2001), S. 9-12.
[13] Vgl. hierzu die schwarzen Übergänge in im Gegensatz zu den grauen.
[14] Quelle: In Anlehnung an Just-Hahn / Hagemeyer / Striemer (1998), S. 4.
[15] Vgl. Just-Hahn / Hagemeyer / Striemer (1998), S. 3-6.
[16] Vgl. ausführlicher Abschnitt 3.3.
[17] Fischermanns / Liebelt (2000), S. 23.

Gesamtunternehmens radikal und fundamental hinterfragt und konzeptionell von oben nach unten umgestaltet wird. Auf der anderen Seite befindet sich das Kaizen-Konzept[18]. Es sieht vor, Prozesse und Teilprozesse in kleinen Veränderungsschritten empirisch zu verbessern, wobei weder Strategie noch Struktur des Unternehmens in Frage gestellt werden. Hier geht die Gestaltung der Prozesse von den Mitarbeitern aus, d. h. von unten nach oben.

Schließlich wurden die Gedanken beider Konzepte von dem Fraunhofer-Institut für Materialfluss und Logistik explizit aufgegriffen und im so genannten Prozesskettenmanagement integriert. Der zentrale Ansatzpunkt dieses hybriden[19] Konzepts ist die Optimierung vorhandener Prozesse, wobei der Verbesserungsprozess zu einem bestimmten Zeitpunkt von der Geschäftsführung ausgelöst wird.

Im Folgenden werden die genannten Verfahren detaillierter betrachtet.

2.2.1. Business Process Reengineering nach Hammer und Champy

Beim Business Reengineering geht es um eine „Verbesserung um Größenordnungen"[20] *und nicht darum, die bestehenden Abläufe nur inkrementell zu verbessern.*

Das Business Process Reengineering nach Hammer und Champy ist ein fundamentales Überdenken und radikales Redesign von Unternehmen oder wesentlichen Unternehmensprozessen. Dabei bedeutet *fundamental*, dass nicht die Frage nach der Verbesserung bestehender Prozesse im Mittelpunkt steht, sondern es wird zunächst überlegt, warum der Prozess überhaupt nötig ist oder wie er ideal gestaltet sein müsste. Auch soll sich die Reorganisation nicht nur auf Teilbereiche, sondern auf das ganze Unternehmen oder mindestens auf die wesentlichen Unternehmensprozesse beziehen.

Radikal bedeutet für Hammer und Champy, dass die Prozesse so geplant werden müssen, als ob das Unternehmen „auf einer grünen Wiese" neu entstehen würde. Im Rahmen dieser Strategie sind bestehende Abläufe und Strukturen grundsätzlich in Frage zu stellen.[21]

Eines der wichtigsten Ziele des BPR ist die Reduzierung der Zahl der Schnittstellen zwischen den Prozessbeteiligten. Sie kann einerseits durch eine Zusammenfassung der notwendigen Prozessschritte erreicht werden, andererseits durch eine Erweiterung der Entscheidungskompetenzen der Mitarbeiter. Ersteres bedeutet weniger Informationsübermittlung inklusiv ihrer Fehler, weniger Klärungsbedarf und weniger Liegezeiten des zu bearbeitenden Objekts. Beim Letzteren senken wiederum die erweiterten Entscheidungskompetenzen die Anzahl der Verzögerungen durch Kontrolle. Auch erhöht die

---

[18] Kaizen setzt sich zusammen aus: *Kai* = Veränderung, Wandel und *Zen* = zum Besseren, im positiven Sinn. Vgl. Food and Beverage Management Association e. V. (2003), o. S.
[19] Ein hybrides Verfahren verknüpft die Ideen zweier unabhängiger Konzepte.
[20] Vgl. Hammer / Champy (1995), S. 50.
[21] Vgl. Wendler (1997), o. S.

Übernahme von Verantwortung die Motivation der Mitarbeiter, was sich positiv auf die Arbeitsqualität auswirkt.[22]

Anzumerken ist, dass Hammer und Champy eindringlich davon abraten, sich den Ist-Zustand in einem Unternehmen näher anzusehen. Vielmehr ist es ausreichend, den Prozess grob zu verstehen, da man ansonsten bei der Optimierung zu sehr vorbelastet sei. Einerseits erweist sich dieser Gedanke als Vorteil, da es die Schaffung einer ganzheitlichen Lösung erleichtert, andererseits gehen womöglich viele bereits gut funktionierende Prozesslösungen verloren. Weiterhin bedenkenswert ist die zeitintensive, kostspielige und riskante Umsetzung.[23]

2.2.2. Prozessoptimierung nach Kaizen

Kaizen ist eine „permanente, nicht endende Folge von kleinen Verbesserungen aller betrieblichen Elemente unter Einbeziehung aller Mitarbeiter, Führungskräfte und der Geschäftsleitung." [24]

Das in Japan entstandene Kaizen bedeutet „nicht lediglich Produktverbesserung, sondern Verbesserung sämtlicher Vorgänge von der Idee über die Fertigstellung bis hin zur Vermarktung und Kundenpflege einschließlich der steten Weiterentwicklung des arbeitenden Menschen." [25] Durch Kaizen soll es jedem Beschäftigten möglich sein, seine Probleme zu erkennen und ohne Angst vor negativen Auswirkungen auf Ansehen oder berufliches Fortkommen zu thematisieren und zu lösen. Dies ermuntert die Belegschaft dazu, ständig über die Verbesserungen ihres Arbeitsplatzes und dessen Umfeld nachzudenken.[26]

Natürlich kann mit Kaizen keine sprunghafte Verbesserung erreicht werden, aber dafür ist das Konzept auch nicht vorgesehen. Kaizen ist nicht das Gegenstück zur Innovation, gemäß dem BPR nach Hammer und Champy, sondern eine Ergänzung.[27] Kaizen und Innovation sind nach Imai untrennbare Zutaten. Gar bezeichnet er sie als Bestandteile des Fortschritts. Durch Innovation wird der Prozess auf ein neues Niveau gehoben.[28] Durch Kaizen wird dieses Niveau stabilisiert und ständig verbessert, bis der nächste innovative Schritt vollzogen wird. Ein Prozess, der durch das BPR neu geplant wird, ist noch längst nicht wirklich beherrscht. Erst wenn die Störgrößen weitestgehend ausgeschaltet sind und die verschiedenen Einflussgrößen kontrolliert werden, kann von einer gesteigerten Leistungsfähigkeit ausgegangen werden.[29]

---

[22] Vgl. Grabatin / Katscher / Schmidt (1999), S. 5.
[23] Vgl. Winz / Quint (1997), S. 14.
[24] Imai (1992), S. 12.
[25] Food and Beverage Management Association e. V. (2003), o. S.
[26] Vgl. Hansen / Kamiske (1995), o. S.
[27] Vgl. Bullinger / Roos / Wiedmann (1994), S. 14.
[28] Vgl. Imai (1993), S. 272.
[29] Vgl. Winz / Quint (1997), S. 14.

2.2.3. Prozesskettenmanagement nach dem Fraunhofer-Institut für Materialfluss und Logistik

„Der zentrale Ansatzpunkt beim Prozesskettenmanagement ist die Optimierung vorhandener Prozesse. Potentiale [...] werden genutzt und Instabilität in der Übergangsphase durch langsame Implementierung vermieden." [30]

Das konstitutive Merkmal dieses Konzepts ist der gemeinsame duale Ansatz des Gedankens von Hammer und Champy sowie von Kaizen, der die Verknüpfung der Neugestaltung von Prozessen sowie deren anschließende kontinuierliche Verbesserung vorsieht. So verbindet das Prozesskettenmanagement die Stärken der mitarbeiterorientierten Kaizen-Idee mit denen des Reengineerings auf Kosten der durch das BPR möglichen, hohen Reichweite der Veränderung.[31]

Insbesondere bei der Prozessoptimierung mit der Zielsetzung, bereichs- und unternehmensübergreifende Lösungen zu erarbeiten und zu implementieren, muss mit einer Vielzahl von Hemmnissen gerechnet werden. Dies erfordert bei der Ermittlung der Prozesse ein sehr ausführliches und gründliches Vorgehen (vgl. Abbildung 2), als zentralen Ausgangspunkt für die Bestimmung der Prozesse mit dem größten Verbesserungspotential.[32]

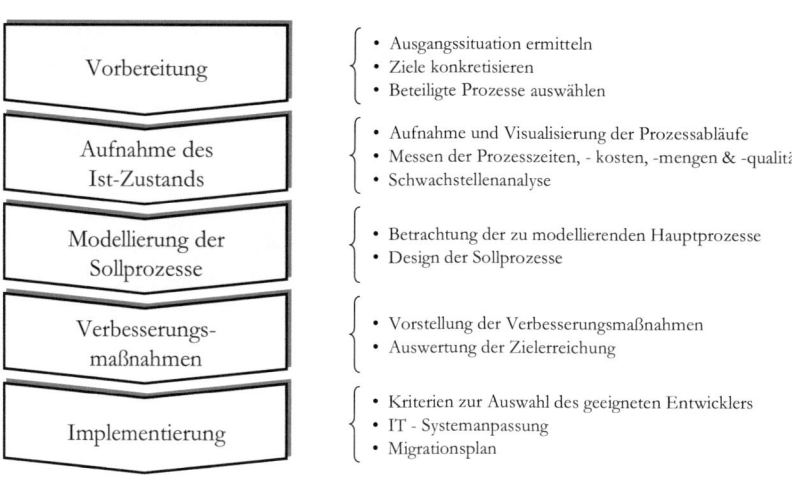

Abbildung 2: *Hauptaspekte einer Prozessoptimierung im Überblick*

Wie bereits erwähnt, ist zu Beginn der Analyse ein klar strukturiertes Vorgehen und detailliertes Wissen über Wesen und Elemente der vorhandenen Prozessabläufe erforderlich. Es folgt die Visualisierung und eine nochmalige Kontrolle mit den Prozessbeteiligten. Besonderes Augenmerk wird dabei auf die Schnittstellen gelegt, welche immer

---

[30] Winz / Quint (1997), S. 43.
[31] Vgl. Winz / Quint (1997), S. 15-16.
[32] Dies gilt vor allem in den administrativen Bereichen, da sie nicht länger nur als Gemeinkostenfaktor betrachtet werden, sondern als wertschöpfender Faktor. Vgl. Scholz / Vrohlings (1994a), S. 22.

potentielle Problemstellen darstellen. Nach der Visualisierung müssen Mengen und Zeiten der einzelnen Prozessabschnitte erfasst werden. Es folgt eine Auswertung der gewonnenen Daten und eine erste Verdichtung der Ergebnisse in Form einer Schwachstellenanalyse als Basis für die Optimierung.[33] Anschließend werden Prozesse durch Prozessoptimierung und Prozessmanagement auf „sanfte" Art gestaltet. Bestehende Prozesse werden vom Ist-Zustand ausgehend in kleinen Schritten verbessert und optimiert, wie es auch dem in Japan entstandenen Kaizen entspricht.[34]

2.2.4. Ergebnisorientierte Gegenüberstellung der Modellierungsmethoden

Die Unterschiede zwischen einer Neugestaltung von Prozessen und den beiden Ansätzen zur Prozessverbesserung sind in Abbildung 3 gegenübergestellt. Sie werden anhand der Kriterien Projektbeteiligte, Prozessverständnis sowie Durchführung, Wirkung und Reichweite der Veränderung beschrieben.

	BPR nach Hammer und Champy	Prozessoptimierung nach Kaizen	Prozesskettenmanagement nach dem FhG-IML
Ziele	• Quantensprünge bei Zeit, Kosten und Qualität	• Verbesserung sämtlicher Prozesse und Weiterentwicklung aller Mitarbeiter	• „Sanfte" Optimierung der Prozesse mit dem größten Verbesserungspotential
Schritte der Prozess-organisation	• Projektorganisation • Vision • Unternehmensprozesse erkennen • Völliger Neuentwurf	• Motivierung der Mitarbeiter • Anreizsystem für Mitarbeiter • Verbesserung in „kleinen" Schritten	• Vorbereitung • Aufnahme des Ist-Zustands • Modellierung der Soll-Prozesse • Verbesserungsmaßnahmen • Implementierung
Prozess-verständnis	• Kernprozesse	• Alle Geschäfts- und Kernprozesse	• Alle Prozesse im Detail
Projektbeteiligte	• Prozessverantwortliche, Reengineering-Team	• Jeder Mitarbeiter	• Prozessverantwortliche, Prozesskettenmanagement-Team, alle Mitarbeiter
Durchführung der Veränderung	• Als Projekt • Top-down	• Kontinuierlich • Bottom-up	• Als Projekt • Erst top-down, dann bottom-up
Wirkung der Veränderung	• Breit, funktions-übergreifend	• Innerhalb des Prozesses	• Innerhalb des Prozesses, funktionsübergreifend
Reichweite der Veränderung	• Kurzzeitig und tief greifend	• Langzeitig und dauerhaft, aber nicht tief greifend	• Mittelfristig und dauerhaft, bedingt tief greifend
Risiko	• Hoch	• Gering	• Mittel

Abbildung 3: *Vergleichende Darstellung verschiedener Methoden zur Prozessoptimierung* [35]

---

[33] Vgl. Grabatin / Katscher / Schmidt (1999), S. 7.
[34] Vgl. Freidinger (2002), S. 13.
[35] Quelle: Unter anderem in Anlehnung an Fischermanns / Liebelt (2000), S. 15-16, Gaitanides / Scholz / Vrohlings (1994), S. 10, Schmelzer / Sesselmann (2002), S. 212 und Schneider (1997), S. 89-101.

Der Erneuerungsansatz beinhaltet einen radikalen Umbruch, erfordert das Verständnis der Kernprozesse, birgt erhebliche Chancen, aber auch Risiken in sich und wird als Projekt durchgeführt.

Eine Prozessoptimierung nach Kaizen geht von der bestehenden Grundstruktur des Geschäftsprozesses aus, zeichnet sich durch viele kleine Schritte und nachhaltiges Lernen aus, bezieht alle Mitarbeiter ein, birgt ein geringes Risiko in sich und wird als permanente Aufgabe durchgeführt.

Schließlich unterscheidet sich das Prozesskettenmanagement von den zuvor genannten durch eine projektbezogene Optimierung bestehender Prozesse auf Basis einer gründlichen Recherche und dem Verständnis der Prozesse im Detail. Das Management gibt den Anstoß für eine Optimierung kompletter Teilprozesse, und während des Analyse- und Optimierungsprozesses werden alle beteiligten Mitarbeiter integriert.

Anzumerken ist, dass das Konzept des Prozesskettenmanagements heute schon erfolgreich und mit hoher Akzeptanz in zahlreichen Planungs- und Beratungsprojekten quer durch alle Branchen angewendet wird.[36]

Im Gegensatz dazu mehren sich die Zweifel an der Wirksamkeit des BPR-Konzeptes. Nach Hall, Rosenthal und Wade von der Unternehmensberatung McKinsey ist es in Amerika ein offenes Geheimnis, dass die Mehrzahl der Projekte als Flop endet. Diese Aussage wird durch eine Studie bestätigt, nach welcher nur ca. 33 % der Projekte ihr Ziel erreicht haben.[37] Selbst bei Hammer und Champy finden sich Ausführungen, wonach nur wenige Projekte erfolgreich beendet worden sind.[38] Als Gründe werden unter anderem angeführt, dass zuviel analysiert und zu wenig geändert wurde.

2.3. Gestaltungstechniken zur Prozessvisualisierung

„Das Wissen und seine Darstellung der in einem Unternehmen praktizierten Abläufe ist eine elementare Voraussetzung, um das gewünschte Prozessergebnis unter Berücksichtigung wirtschaftlicher Aspekte effizient und zielgerichtet zu realisieren." [39]

Das primäre Ziel der Prozessvisualisierung ist eine Darstellung der Prozessabläufe, so dass die relevanten Prozesse sowohl der Geschäftsführung als auch den unmittelbar von der Prozessgestaltung betroffenen Mitarbeitern transparent gemacht werden. Aufgabe der Visualisierung ist somit nicht, einzelne Arbeitsschritte aufzuzählen, sondern vielmehr einen Anstoß zu geben, über Ablaufstrukturen und die etablierte Aufbauorganisation nachzudenken. Nach Gaitanides, Scholz, Vrohlings und Raster ist die Prozessvisualisierung damit mehr als nur eine reine Tätigkeitsbeschreibung. Sie erfüllt die notwendigen

---

[36] Vgl. Winz / Quint (1997), S. 15-16.
[37] Vgl. Hall / Rosenthal / Wade (1994), S. 82-93.
[38] Vgl. Hammer / Champy (1995), S. 260.
[39] Scholz / Vrohlings (1994b), S. 38.

Voraussetzungen, die für eine wirksame Prozessarbeit notwendig sind. Diese sind unter anderem die *Schaffung von Ablauftransparenz*, welche es erlaubt, kritische Bereiche aufzuspüren und in den Prozessablauf zur Eliminierung von Schwachstellen gezielt einzugreifen. Auch dient sie zur *Definition eines strukturierten Meßsystems*, auf dessen Basis für jeden Teilprozess relevante Prozesskennzahlen ableitbar sind, mit denen die Prozessleistung bezüglich Zeit, Qualität und Kosten zu überprüfen ist. Schwachstellen im Prozessablauf sind somit neben der Ablaufanalyse auch mittels Indikatoren feststellbar. Schließlich ist die Prozessvisualisierung Voraussetzung für die *Schulung und Einarbeitung von Mitarbeitern*. Anhand einer nach einheitlichen Kriterien aufgebauten transparenten Prozessstruktur erhalten die Mitarbeiter einen Gesamtüberblick über ihr Arbeitsumfeld. Die Prozessvisualisierung ist damit gleichzeitig Grundlage für ein besseres Verständnis des Unternehmensgeschehens und fördert die abteilungsübergreifende Zusammenarbeit.[40]

Zur Visualisierung von Prozessabläufen werden in der Literatur verschiedene Methoden genannt, wobei hier auf die zentral genannten hierarchischen Prozessmodelle, Matrizendarstellung und grafisch-strukturelle Techniken näher eingegangen wird.[41]

Grundlage der *hierarchischen Prozessmodelle* bildet die Tabelle, in der alle Unternehmensprozesse des Gestaltungsbereichs definiert werden. Anschließend werden die Unternehmensprozesse in Prozesse, die Prozesse in Prozessphasen und diese in Prozessschritte zerlegt.[42] Diese Technik ermöglicht es, Aufgaben vollständig zu erfassen, systematisch zu gliedern, übersichtlich darzustellen und beliebig zu detaillieren. Allerdings liefert die Technik keine Informationen über Aufgabenträger und deren Verzweigungen und Verknüpfungen, Sachmittel, Zeitdauer oder Start- und Endzeitpunkt der Aufgabenerfüllung. Alle diese Angaben müssen in einem gesonderten Schritt erhoben und bspw. in Form einer Matrix den Aufgaben zugeordnet werden. Somit bleibt festzuhalten, dass diese Technik ein nur begrenztes Bild des Ist-Zustandes liefert und vor dem Hintergrund der zielgerichteten Prozessoptimierung nicht effizient ist.[43]

Die Technik der *Matrizendarstellung* ermöglicht, Abhängigkeiten und Beziehungsgeflechte systematisch und vollständig zu erfassen, transparent darzustellen und abzuprüfen. Dabei tritt vor allem die Analyse unternehmensinterner Schnittstellen[44] zwischen den Aufgabenträgern in den Vordergrund. Ziel ist es, Schnittstellen zu reduzieren oder zu harmonisieren, um so Durchlaufzeiten zu verkürzen[45], Kosten zu senken[46] und die Gefahr von Liegezeiten und Übermittlungsfehlern zu reduzieren[47]. Die Grenzen der

---

[40] Vgl. Scholz / Vrohlings (1994b), S. 37-56.
[41] Vgl. unter anderem Fischermanns / Liebelt (2000), FhG-IML (2002a), Liebelt / Sulzberger (1992) und Gaitanides / Scholz / Vrohlings / Raster (1994b).
[42] Vgl. Fischermanns / Liebelt (2000), S. 131.
[43] Vgl. Liebelt / Sulzberger (1992), 89-96.
[44] Aufgrund des begrenzten Umfangs der vorliegenden Arbeit wurde auf eine detaillierte Differenzierung von Schnittstellen verzichtet. Es sei jedoch auf entsprechende Literatur verwiesen, wie Gaitanides (1983), S. 159-176, Porter (1986), S. 76-81 und Scholz (1993), S. 78-82.
[45] Vgl. Fischermanns / Liebelt (2000), S. 133.
[46] Vgl. Winz / Quint (1997), S. 18.
[47] Vgl. Grabatin / Katscher / Schmidt (1999), S. 12.

Matrizen hinsichtlich der Darstellung von Abläufen liegen in der eingeschränkten Darstellung von verzweigten Folgen (Und-Verzweigung[48] und Oder-Verzweigung[49]) sowie Rückkopplungen, es sei denn es werden zusätzliche Symbole vereinbart. Dann besteht allerdings die Gefahr, dass die Technik überstrapaziert wird und die Eindeutigkeit und Übersichtlichkeit leidet.[50]

Die bisher vorgestellten Techniken bilden eine Grundlage für die Visualisierung von Prozessabläufen. Allerdings sind sie nicht in der Lage, alle Grundformen von Ablaufstrukturen abzubilden. Dazu bedarf es einer entsprechenden Symboltechnik, die von *grafisch-strukturellen Techniken* geboten wird (vgl. Abbildung 4).

Symbol	Begriff	Erläuterung
⬭	Externe Elemente	Symbol für einen „Impulsgeber", der einen Arbeitsablauf im Untersuchungsbereich auslöst. Es ist die Nahtstelle zwischen dem betrachteten Gestaltungsbereich und seinem Umfeld.
○	Interne Elemente	Symbol für Aufgaben bzw. Aufgabenträger / Organisationseinheiten, die zum Gestaltungsbereich gehören.
▯	Teilprozesse	Symbol für Teilprozesse, deren detaillierte Darstellung ausgegliedert wurde, um den Gesamtprozess dadurch weniger komplex darzustellen und so eine bessere Lesbarkeit zu gewährleisten.
▭	Sachmittel	Symbol für Sachmittel zur Speicherung, Verarbeitung, oder zum Transport von Informationen, Informationsträgern und sonstigen materiellen Objekten.
⏢	Manuelle Verarbeitung	Symbol für die manuelle Verarbeitung von Informationen, Informationsträgern und sonstigen materiellen Objekten.
◇	Entscheidung	Symbol für die Verzweigung eines Prozesses aufgrund mehrerer Entscheidungsausprägungen. Die einzelnen Ausprägungen werden direkt an die jeweilige Flusslinie geschrieben.
⌭	Elektronisches Dokument	Symbol für elektronische Dokumente (Dateien, elektronisch abgelegte CAD-Zeichnungen, Stücklisten etc.).
▱	Konventionelles Dokument	Symbol für konventionelle Dokumente, die in physischer Form vorliegen (Kundenaufträge, ausgedruckte Zeichnungen, Stücklisten etc.).
⊥	Interne Senke	Symbol für das Ende eines Prozesses innerhalb des Gestaltungsbereichs.
⊖	Konnektoren	Symbol für seitenübergreifende Prozessstrukturen. Im oberen Teil wird die Konnektorenbezeichnung eingetragen (K1, K2 etc.). Im unteren Teil wird die Seite notiert, auf der die Fortsetzung zu finden ist.

Abbildung 4: *Symbole der grafisch-strukturellen Techniken und ihre Bedeutung* [51]

---

[48] „Bei einer *Und-Verzweigung* werden von einem Arbeitssystem immer an zwei oder mehr Arbeitssystemen Informationen (Arbeitsgegenstände) weitergegeben: Es wird eine Parallelbearbeitung ausgelöst. Die Tätigkeiten in den verschiedenen parallelen Ablaufzweigen erfolgen unabhängig voneinander." REFA (1992), S. 17.
[49] „Bei der *Oder-Verzweigung* wird nach Erfüllung der Aufgabe im Arbeitssystem entschieden, welches Arbeitssystem im Ablauf folgt. Eine solche Entscheidung beinhaltet, dass es wenigstens zwei verschiedene Möglichkeiten gibt, den Ablauf fortzusetzen." REFA (1992), S. 18.
[50] Vgl. Liebelt / Sulzberger (1992), 96-101.
[51] Quelle: Fischermanns / Liebelt (2000), S. 137-138 und REFA (1992), S. 23-24.

Netzpläne[52] dienen dabei als Grundlage für eine detaillierte Betrachtung des Gestaltungsbereichs. Sie ermöglichen zu Beginn einer Untersuchung einen umfassenden, leicht darzustellenden Gesamtüberblick über den Gestaltungsbereich und seine relevante Umwelt. Da die Netzpläne weder einen zu hohen Detaillierungsgrad noch Komplexität aufweisen, reichen sie im Allgemeinen aus, den Prozess zu verstehen. Anhand dieses Netzplans kann anschließend beurteilt werden, welche Schnittstellen zur Erzeugung der jeweiligen Produkte notwendig sind und welche nicht. Während Netzpläne in der Regel Aufgabenträger mit ihren Inputs und Outputs zeigen, bleiben die damit verknüpften Prozesse auf Kosten der Übersichtlichkeit verborgen. Mit Hilfe der grafisch-strukturellen Techniken kann nun im gewünschten Detaillierungsgrad das „wie" dargestellt werden.[53]

Dazu bedient man sich innerhalb der grafisch-strukturellen Techniken verschiedener Methoden, welche im Folgenden näher beschrieben werden.

2.3.1. Folgepläne

Mit Folgeplänen steht eine vielseitig einsetzbare Methode für die Erfassung und Beurteilung sowie die Konzeption auch sehr komplizierter Arbeitsabläufe zur Verfügung. Sie lässt sich vorteilhaft immer dort einsetzen, wo unübersichtliche Zusammenhänge erfasst und grafisch dargestellt werden sollen. So können alle organisatorischen Grundelemente[54] mittels der stark gegliederten Symbolik (vgl. Abbildung 4) dargestellt werden. Weiterhin erlaubt es, auf umfangreiche verbale Erläuterungen weitgehend zu verzichten sowie eine umfassende und zugleich zeitsparende Darstellung von Arbeitsabläufen.[55]

Ebenfalls vorteilhaft ist, dass Folgepläne aufgrund der Kombination von Symbolen und erläuternden Begriffen mit wenig Übung auch von Nicht-Organisatoren leicht lesbar sind. Sie eigenen sich dementsprechend gut zur Visualisierung von Prozessen, als Dokumentationstechnik für Arbeitsanweisungen sowie zur Präsentation vor Entscheidungsgremien oder betroffenen Mitarbeitern aus dem Gestaltungsbereich.

Als zentraler Nachteil der Folgepläne ist der große Platzbedarf der Folgestruktur zu nennen. Einerseits betrifft dies die Länge der Ablaufstrukturen, die in der Praxis üblich in ihrer Hauptrichtung von oben nach unten verlaufen und so den zeitlichen Fortschritt darstellen, andererseits ihre Breite, die durch Verzweigungen entsteht. Weil Länge und Breite oft den Rahmen einzelner Seiten sprengen, ist mit einer Vielzahl von Konnektoren[56] zu arbeiten. Dies wiederum beeinträchtigt die Übersichtlichkeit der Darstellung.[57]

---

[52] „Ein *Netzplan* zeigt die zur Realisierung eines Projektes wesentlichen Vorgänge und Ereignisse sowie deren logische und zeitliche Abhängigkeit." Definition aus Thommen / Achleitner (1998), S. 377.
[53] Vgl. Fischermanns / Liebelt (2000), S. 133-139.
[54] Aufgaben, Aufgabenträger, Sachmittel und Informationen.
[55] Vgl. REFA (1992), S. 126.
[56] Symbol für seitenübergreifende Prozessstrukturen, vgl. Abbildung 4.
[57] Vgl. Liebelt / Sulzberger (1992), 103-123.

Vor dem Hintergrund, dass keine verbindliche Norm für Folgepläne existiert, ist der in der Literatur genannte zentrale Nachteil hingegen geringer zu gewichten. Es steht dem Gestalter der Prozesse frei, Verläufe der Folgestrukturen den gegebenen Umständen anzupassen und so, trotz langer und breiter Ablaufstrukturen, einen leicht verständlichen Gesamtüberblick zu schaffen (vgl. bspw. Abbildung 9).

2.3.2. Folgestrukturen

Im Gegensatz zu Folgeplänen kommen Folgestrukturen mit erheblich weniger Symbolen aus. Will man einen Folgeplan unter Beibehaltung des Informationsumfangs in eine Folgestruktur umsetzen, sind zusätzliche schriftliche Erläuterungen erforderlich. Dabei werden die erläuternden Angaben nicht wie bei den Folgeplänen in die Symbole geschrieben, sondern von diesen getrennt aufgeführt. Die Verbindung zwischen grafischer Darstellung und Text wird von Ziffern und Klein- und Grossbuchstaben hergestellt, mit denen die Symbole und teilweise die Flusslinien[58] beschriftet werden. Diese Kürzel werden in einer separaten Legende erläutert.[59]

Durch die Trennung von grafischer Darstellung und erläuterndem Text erzielt man bei Folgestrukturen eine bedeutende Platzersparnis. Die Darstellung auch weit verzweigter Strukturen auf kleinstem Raum bietet einen optimalen Überblick über große Ablaufabschnitte.

Vor dem Hintergrund des hohen Abstraktionsgrades der Folgestrukturen und der Trennung von Text und Grafik, sind im Gegensatz zu den Folgeplänen die Abläufe von den betroffenen Personen schwer zu lesen und zu verstehen.

Von Bedeutung ist dies vor allem für die Entscheidungsträger, die es zu überzeugen gilt, und für die Anwender, die das neue Konzept richtig einsetzen sollen. Schwierigkeiten beim Verständnis können Akzeptanzprobleme und Widerstand erzeugen. Dies kann bewirken, dass Entscheidungsträger Lösungen vorschnell verwerfen oder die Anwender das neue Verfahren bewusst oder unbewusst ablehnen. Die hieraus resultierenden Fehler werden dann häufig auf die neu eingeführten Prozesse geschoben.[60] In Anbetracht dessen, rät der Autor der vorliegenden Arbeit vom Einsatz der Folgestrukturen zur Dokumentation für und Präsentation vor betroffenen Personen ab.

---

[58] Verbindungen zwischen zwei Symbolen.
[59] Vgl. REFA (1992), S. 126-127.
[60] Vgl. Liebelt / Sulzberger (1992), 133-134.

2.3.3. Blockdiagramme

Die Blockdiagramme bilden neben den Folgeplänen und -strukturen die dritte der grafisch-strukturellen Techniken. Ihr hauptsächliches Einsatzgebiet ist das Aufzeigen von Gesamtzusammenhängen eines organisatorischen EDV-Konzepts. So bilden Blockdiagramme Sachmittel ab, sofern es sich um Datenträger, Ein- und Ausgabeeinheiten wie Tastatur und Bildschirme, Speichermedien etc. handelt, um grafisch Programmabläufe zu verdeutlichen. Dabei eignen sich Blockdiagramme sehr gut als Kommunikationsbasis, wenn der Organisator bei der Gestaltung seines funktionalen Konzepts bereits Programmabläufe vorskizzieren muss, um dem Programmierer seine Gedanken und Anforderungen verständlich zu machen. Um ein Blockdiagramm lesen und verstehen zu können, erfordert es allerdings ein solides Wissen über die Funktionsweise und das Leistungsvermögen eines Dateiverarbeitungssystems sowie Grundkenntnisse des Programmierens und seiner gebräuchlichen Programmiersprachen.

Aus den genannten Gründen sowie der resultierenden Gefahr von Akzeptanzproblemen und Widerständen innerhalb des betroffenen Personenkreises (analog den Folgestrukturen) ergibt sich, dass Blockdiagramme nicht zur Dokumentation für oder Präsentation vor Entscheidungsträgern oder Anwendern geeignet sind.

2.4. ZUSAMMENFASSUNG

In der Literatur werden zahlreiche Konzepte und Methoden zur Optimierung von Geschäftsprozessen aufgeführt. Ziel dieses Kapitels ist es, drei unterschiedliche Methoden vorzustellen, miteinander zu vergleichen und die geeignete Methode für die weitere Behandlung der vorliegenden Problematik zu bestimmen.

In Anbetracht der Zielvorgabe, eine Optimierung für den Bereich der auftragsvorbereitenden Tätigkeiten zu erarbeiten, welche sich ohne hohes finanzielles und umsetzungsbedingtes Risiko realisieren lässt, wird dabei das Konzept des Business Process Reengineering früh verworfen. Diese Methode bietet zwar erhebliche Chancen (z. B. mittels der Einführung standardisierter ERP-Systeme und Überwindung von bereichsorientierten Insellösungen), aber auch hohe Risiken durch erhebliche Investitionskosten, dem Verlust gut funktionierender Prozesse, der Unsicherheit, zwar das eigentliche Problem gelöst, aber gleichzeitig neue Probleme geschaffen zu haben etc.

Im Gegensatz zum BPR sind die zu erwartenden Risiken eines nach Kaizen optimierten Prozesses unbedeutend. Allerdings sind auch keine tief greifenden Veränderungen möglich, sondern ausschließlich Prozessverbesserungen in „kleinen Schritten".

Die Ansätze der vorgenannten Methoden verknüpfend, wird sich daher im Verlauf der vorliegenden Arbeit an die systematische Vorgehensweise des Prozesskettenmanagements angelehnt. Ausgehend von einer ausführlichen und gründlichen Vorgehensweise bei der Prozessoptimierung, hat man so die Möglichkeit, die Prozesse mit dem größten Verbesserungspotential zu identifizieren und gleichzeitig die Zahl der unvorhergesehenen Risiken bei der Umsetzung zu reduzieren. Zusätzlich schaffen die im Rahmen des Prozesskettenmanagements visualisierten Prozesse die nötige Ablauftransparenz, welche die Grundlage für ein besseres Verständnis des Unternehmensgeschehens bildet und die abteilungsübergreifende Zusammenarbeit fördert.

Zur Visualisierung der Prozesse empfiehlt der Autor der vorliegenden Arbeit die grafisch-strukturelle Technik der Folgepläne, da sie mit geringen Vorkenntnissen auch von Nicht-Organisatoren leicht lesbar sind. Sie eigenen sich daher gut zur Visualisierung von Prozessen, als Dokumentationstechnik für Arbeitsanweisungen sowie zur Präsentation vor Entscheidungsgremien und betroffenen Mitarbeitern aus dem Gestaltungsbereich.

3. ERMITTLUNG DER UNTERNEHMENS-SITUATION UND ANALYSE

Nachdem die verschiedenen Methoden der Prozessoptimierung und -visualisierung im letzten Kapitel vorgestellt und die geeigneten Methoden ausgewählt wurden, folgt die Betrachtung und Analyse der Unternehmenssituation des Unternehmens.

Zunächst wird das Unternehmen in Kürze vorgestellt, um einen ersten Eindruck des Unternehmens zu vermitteln. Eine Vorstellung der Auftragsabwicklung in der Theorie gewährt im Anschluss daran einen Einblick, wie der gesamte Abwicklungsprozess vollzogen werden sollte. Anschließend werden die in der Literatur zentral genannten Ziele einer Geschäftsprozessoptimierung dargestellt, bevor diese auf die spezielle Unternehmenssituation hin konkretisiert werden. Vor dem Hintergrund der durch die Geschäftsführung definierten Ziele, erfolgt abschließend eine problemorientierte Ausgrenzung betrieblicher Geschäftsprozesse, die einer näheren Betrachtung unterzogen werden sollen. Dabei wird der Auftragsabwicklungsprozess vorab in drei Hauptbereiche gegliedert und die einzelnen Teilprozesse angesichts einer *Ausgrenzung durch Zielbildung* betrachtet.

3.1. DAS UNTERNEHMEN

Das Unternehmen ist ein weltweit bekannter und akzeptierter Hersteller von Textilmaschinen, wobei die Betriebsgröße im unteren branchenüblichen Bereich der mittelständischen Unternehmen[61] mit einem Pro-Kopf-Umsatz von ca. € 100.000 im Jahr 2001[62] liegt.

Mit dem gegenwärtigen Produktionsprogramm konzentriert sich das Unternehmen hauptsächlich auf den Bereich der kontinuierlichen Wasch- und Bleichmaschinen[63]. Größtenteils werden dabei die kundenspezifischen Sondermaschinen hausintern gefertigt und montiert, wobei der Anteil der bereits vorgefertigten Zukaufteile über die letzten Jahre stetig gestiegen ist.[64]

Die wichtigsten Vertriebsmärkte für das Unternehmen sind die Textil- und Bekleidungsindustrie in China, Indien, im Mittleren Osten und Südamerika. Der Vertrieb und Service der Produkte wird dabei über ein weltweit aufgebautes Netzwerk von Repräsentanzen gewährleistet, welche als Kontraktpartner in den jeweiligen Ländern auftreten.

---

[61] Branchendurchschnitt 150 Beschäftigte, vgl. BMWI (2003), o. S.
[62] Branchendurchschnitts für den Maschinen- und Anlagenbau ca. € 147.500, vgl. BMWI (2003), o. S.
[63] So genannte Nasstechnik.
[64] Dies liegt darin begründet, dass heute aufwendig zu fertigende Teile preisgünstiger lasergeschnitten werden.

Gegründet wurde das Unternehmen als ein Tochterunternehmen zum Zweck eines Konstruktions- und Entwicklungszentrums. Im Jahr 2002 löste sich das ehemalige Tochterunternehmen aus der Holding heraus und wurde eigenständig.

Zu diesem Zeitpunkt übernahm die neue Geschäftsleitung des bereits finanziell und strukturell angeschlagenen Unternehmens. Seit dem führt das Unternehmen die Produktlinie des ehemaligen Unternehmens kontinuierlich weiter, mit dem Unterschied, dass sich die Geschäftsleitung gegenwärtig insbesondere auf Marketing- und Vertriebsaufgaben fokussiert. Hierunter fallen insbesondere die Erschließung neuer Märkte, die Gewinnung neuer Kunden und ein Erhöhung der Zufriedenheit der bestehenden und neuen Kunden.

3.2. AUFTRAGSABWICKLUNG IN DER THEORIE

„Der Geschäftsprozess der Auftragsabwicklung umfasst alle Aktivitäten, die auf die Gewinnung und Befriedigung von Kundenaufträgen – vom Angebot bis zum Zahlungseingang – hinwirken." [65]

Der Kundenauftrag stellt beim Auftragsabwicklungsprozess das zentrale Informationsobjekt dar. Neben Informationen über den Auftraggeber, den Bestellumfang sowie den Leistungsort, können weitere Informationen auftragsspezifisch festgelegt werden. Abhängig davon, ob der Auftrag von einem Kunden oder aus anderen Funktionsbereichen des eigenen Unternehmens erteilt wird, unterscheidet man dabei den externen vom internen Kundenauftrag.

Nach dem Eintreffen des Auftrags erfolgt in der Auftragsprüfung und -aufbereitung zunächst die Entscheidung, ob das Unternehmen den Auftrag annimmt, ablehnt oder ein Alternativangebot erstellt. In der Auftragsprüfung wird der Auftrag um möglicherweise fehlende Informationen ergänzt. Weiterhin wird der Auftrag in Hinblick auf Preiskonditionen, Produktverfügbarkeit zum gewünschten Termin, Liefermodalitäten und Bonität des Kunden überprüft. Die Prüfung der Lieferfähigkeit kann teilweise durch Kontrolle des Lagerbestandes erfolgen.

Im Anschluss an die Prüfung und Aufbereitung erfolgt eine Umsetzung des Kundenauftrags in einer Auftragsbestätigung und in interne Bearbeitungspapiere, wie Konstruktionszeichnungen, Stücklisten, Stammblätter etc.[66]

Die Stammblätter[67] werden in der Arbeitsvorbereitung (AV) erstellt, ausgehend von den in der Konstruktion entworfenen Zeichnungen und Stücklisten. Sie enthalten die nach optimalen technischen und wirtschaftlichen Kriterien ermittelten Anweisungen zur

---

[65] Striening (1988a), S. 202.
[66] Vgl. Grabatin / Katscher / Schmidt (1999), S. 8-10.
[67] Das *Stammblatt* ist neben der Zeichnung das wichtigste Dokument für die F&M. Es enthält Arbeitsanweisungen und -unterweisung, wobei das Ziel im Vordergrund steht, eine kostenminimale Herstellung zu gewährleisten. Weiterhin werden Ausführungszeiten je Einheit für die Termin und Kapazitätsplanung sowie für die Entlohnung bei Leistungs- und Prämienlohnsystemen festgelegt. Vgl. Eversheim (1998), S. 11.

Durchführung der Fertigungs- und Montageprozesse. Weiterhin werden von der AV die, für eine geplante Produktion notwendigen, neuen Fertigungsmittel bestimmt sowie neue Fertigungsmethoden und -verfahren entwickelt und ausgewählt.[68]

Auf Basis der erstellten Stammblätter werden in der Arbeitssteuerung Termine und Reihenfolge der Auftragsabwicklung in Fertigung und Montage (F&M) festgelegt und die Einhaltung dieser Vorgaben überwacht.

Nach der F&M werden die Versandpapiere erstellt, die gegebenenfalls mit Fracht-, Transport- und Zeitdaten ergänzt werden müssen. Abhängig von der Art der Güter, dem Zielort und gesetzlichen Bestimmungen gehören neben dem Lieferschein auch Frachtbriefe, Ausfuhrpapiere, Ladelisten, Ursprungszeugnisse, Versandaufträge, Zollpapiere etc. zu den Versandpapieren.

Die Fakturierung (Rechnungslegung) ist das abschließende Element im Auftragsabwicklungsprozess. Die Rechnung bildet dabei die Grundlage, auf der die Kunden ihre offenen Posten begleichen.[69]

3.3. Ziele der Prozessmodellierung und -optimierung

„Ziele beschreiben angestrebte Zustände beziehungsweise erwünschte Wirkungen des zu gestaltenden Bereiches."[70]

Das Ziel der Prozessoptimierung ist es, ganze Prozessketten einfacher und schneller abzuwickeln, indem unnötige Zwischenschritte weggelassen werden, die einzelnen Aufgaben fließend ineinander übergehen, aber gleichzeitig auch alle für den Ablauf wichtigen Funktionen im Prozess berücksichtigt werden. Hierdurch kann sich das Unternehmen von Konkurrenten differenzieren und Kosten, die durch umständliche Bearbeitung und Fehler anfallen, reduzieren.[71] Während in der Vergangenheit zunächst Prozesse in der Produktion optimiert wurden, wird nunmehr der indirekte Bereich[72] verstärkt einer Prozessoptimierung unterzogen.

Eine Schlüsselrolle nimmt dabei zweifellos der Prozess vom Auftrag des Kunden bis zur Auslieferung der Ware ein.[73]

Im Folgenden werden nun einige der in der Literatur zentral genannten Ziele einer Geschäftsprozessoptimierung dargestellt, bevor diese auf die spezielle Unternehmenssituation hin konkretisiert werden.

---

[68] Vgl. Eversheim (1998), S. 1-9.
[69] Vgl. Grabatin / Katscher / Schmidt (1999), S. 10-11.
[70] Liebelt / Sulzberger (1992), S. 52.
[71] Vgl. Heimann (1995), S. 1.
[72] Zum Beispiel Forschung und Entwicklung, Fertigungsvorbereitung und -steuerung, Lagerhaltung etc. Vgl. Heinz / Olbrich (1989), o. S.
[73] Vgl. Grabatin / Katscher / Schmidt (1999), S. 4.

3.3.1. Minimale Durchlaufzeit

Der Faktor Zeit ist in Fertigungsprozessen sowie in den vorgelagerten indirekten Bereichen ein vielfach untersuchtes Leistungskriterium, das bei jeder Prozessanalyse genauestens untersucht wird. Erst die Kenntnis der genauen Durchlaufzeiten ermöglicht die Angabe von verbindlichen Lieferterminen, wohingegen eine erhöhte Prozessdauer immer mit monetären Nachteilen und meist mit einer geringeren Kundenzufriedenheit verbunden ist. Aus diesen Gründen ist das Messen bzw. die Kenntnis der Durchlaufzeit für Fertigungs- und indirekte Prozesse eine elementare Forderung.[74]

Nach Fischermanns und Liebelt versteht man dabei unter der Durchlaufzeit eines Objektes „die Zeitdauer des entsprechenden Aufgabenerfüllungsprozesses von einem definierten Anfangs- bis zu einem definierten Endzeitpunkt"[75]. Ein Prozess endet folglich erst mit der Übergabe der Leistung an den Kunden oder an den nachgelagerten Prozess und nicht mit der Fertigstellung des Produktes bzw. der Leistung. Der Vorteil dieser Definition ist, dass die Durchlaufzeit lückenlos erfasst wird, und die erhobenen Zeiten mit der Kundenwahrnehmung in Einklang stehen.[76]

Für die Quantifizierung des Prozesskettenplanes bezüglich der Durchlaufzeiten stehen verschiedene Methoden zur Auswahl, wobei sich die *klassische Interviewmethode* bewährt hat. Der Vorteil dieser Methode liegt in der schnellen Akquisition von Daten, wobei die Qualität der Datenaufnahme von der Erfahrung und dem Abstraktionsvermögen der Mitarbeiter abhängig ist.[77] Eine weitere Erhebungsmethode ist die *Kopplung des Projektplanes an die Auftragspapiere* und diesen mit einem eingehenden Auftrag durch das gesamte Unternehmen laufen zu lassen. Hierbei trägt jeder Mitarbeiter die zu erfassenden Daten der von ihm durchgeführten Aktivitäten in den Prozesskettenplan ein. Diese Vorgehensweise ist jedoch im Verhältnis zur kurzen Bearbeitungszeit relativ zeitintensiv und wird daher nur für Gesamtdurchlaufzeiten empfohlen, welche mehrere Tage bis Wochen einnehmen.[78] Schließlich stellt die *Formularmethode* die dritte Methode der Zeitquantifizierung dar. Bei dieser Methode erhält der Mitarbeiter ein Formular, in das er die von ihm zu bearbeitenden Prozesse sowie deren Durchlaufzeit einträgt. Diese Variante ist sinnvoll in Unternehmen mit langer Durchlaufzeit, falls bestimmte Prozesszeiten nicht über Interviews ermittelt werden können, eine genaue Zeiterfassung erforderlich ist oder die Bestimmung der Durchlaufzeitstreuung im Vordergrund steht.[79]

Angesichts der minimalen Durchlaufzeit ist zu berücksichtigen, dass die Durchlaufzeit drei Komponenten enthält, welche es im gleichen Zuge zu optimieren gilt. Diese können

---

[74] Vgl. Scholz / Vrohlings (1994c), S. 68-73.
[75] Vgl. Fischermanns / Liebelt (2000), S. 88.
[76] Vgl. Scholz / Vrohlings (1994c), S. 68.
[77] Vgl. Winz / Quint (1997), S. 64-65.
[78] Vgl. Eversheim (1995), S. 46-53.
[79] Vgl. Winz / Quint (1997), S. 65-66.

somit als Unterziele in Form von minimalen Bearbeitungs-, Transport- und Liegezeiten[80] definiert werden. Grundsätzliche Lösungsansatze zur Durchlaufzeitverkürzung sind dabei nach Nippa und Schnopp die Konzentration bzw. die Reduzierung des Geschäftsprozesses auf wertschöpfende Bearbeitungsschritte und die Beschleunigung dieser Module (vgl. Abbildung 5).[81]

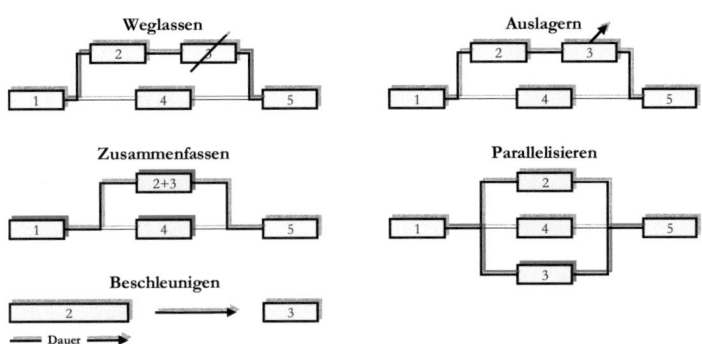

Abbildung 5: *Lösungsansätze zur Durchlaufzeitverkürzung* [82]

Es lässt sich festhalten, dass die Realisierung kurzer Durchlaufzeiten kurze Lieferzeiten, termingerechte Auslieferung, höhere Kundenzufriedenheit, eine Reduzierung der Kapitalkosten sowie einer verbesserten Liquidität des Unternehmens, basierend auf einem hohen Kapitalumschlag sowie einer geringen Vorfinanzierungsbelastung, gewährleistet.[83]

Unternehmenssituation:

Zu Beginn des Projektes wurden Gespräche mit der Geschäftsleitung geführt, um sich über die aktuelle Situation und konkrete Zielvorgaben zu verständigen.

Im Dialog mit der Geschäftsleitung stellte sich anhand eines exemplarisch dargestellten Auslastungsprofils aller Abteilungen heraus, dass die durch einen Auftrag ausgelöste Auslastung ähnlich einer Welle durch das Unternehmen schwappt. So ist zu Beginn eines typischen Anlagenfertigungsauftrages die Konstruktion für ca. 2 – 4 Wochen voll ausgelastet, später die AV für ca. 2 Wochen, dann die Sachbearbeitung (SB) für weitere 2 Wochen, bevor der Auftrag in der F&M bearbeitet wird.[84]

Um diesen Prozess bereits zu verkürzen, gibt die Konstruktion fast fertig gestellte Baugruppen umgehend frei, um diese zügig fertigen und montieren zu lassen.

---

[80] Die Zeitdauer, in der das Objekt weder bearbeitet noch transportiert wird. Vgl. Liebelt / Sulzberger (1992), S. 61.
[81] Vgl. Nippa / Schnopp (1990), S. 138.
[82] Quelle: Nippa / Schopp (1990), S. 138.
[83] Vgl. Junghanns (1978), S. 321 und Scholz / Vrohlings (1994c), S. 68.
[84] Die genannten Zeiten entsprechen Schätzungen der Geschäftsleitung. Bis zu diesem Zeitpunkt wurden noch keine Messungen der Durchlaufzeiten in den arbeitsvorbereitenden Teilprozessen veranlasst.

Nach Auffassung der Geschäftsführung verstreicht dennoch ein Großteil der gesamten Auftragsbearbeitungszeit während dieser arbeitsvorbereitenden Tätigkeiten. Da die beschriebenen Bearbeitungszeiten in einem ungünstigen Verhältnis zu den eigentlichen Fertigungs- und Montagezeiten stehen, ist es das primäre Optimierungsziel, die Durchlaufzeiten in den arbeitsvorbereitenden Tätigkeiten zu verkürzen. Konkret in Zahlen gesprochen, sieht die Geschäftsleitung ein realisierbares Potential von 20 % – 30 % mehr zu bearbeitende Aufträge bei gleicher Belegschaftszahl.

3.3.2. Minimale Kosten

Die Forderung nach minimalen Kosten stellt wie die Minimierung von Durchlaufzeiten ein geradezu klassisches Ziel dar. Dabei ist insbesondere der Fokus auf die Maximierung des Auslastungsgrades von Kapazitäten zu wahren. Während sich die Fixkosten eines Unternehmens einerseits aus den Leerkosten und andererseits aus den Nutzkosten zusammensetzten,[85] gilt es, den Anteil der Leerkosten zu verringern bzw. den Anteil der Nutzkosten zu vergrößern. Pragmatisch bedeutet dies, die Mitarbeiter des Unternehmens besser auszulasten.

Neben der maximalen Kapazitätsauslastung sind auch die Ressourcen gleichmäßig auszulasten, um das Ziel der minimalen Kosten zu erreichen. So muss die durchschnittliche Über- bzw. Unterauslastung unterschiedlicher Stellen durch Umverteilung von Aufgaben oder Umlenkung von Objekten ausgeglichen werden.[86]

Analog der Quantifizierung der Durchlaufzeiten erfolgt die Ermittlung der Prozesskosten in Zusammenarbeit mit den Mitarbeitern. Basierend auf einem ressourcenorientierten Verfahren, das am Fraunhofer-Institut für Materialfluss und Logistik (FhG-IML) entwickelt wurde,[87] können die für eine kosten- und leistungsbezogene Analyse notwendigen Daten relativ leicht erhoben werden. Da sie den Anwendern aus der täglichen Arbeit heraus bekannt sind, werden sie ohne hohen Beschaffungsaufwand geschätzt. Diese Daten geben Aufschluss darüber, welche Ressourcen in welchen Mengen benötigt werden, um einen definierten Durchsatz an Objekten über einen Prozess zu gewährleisten. Dabei gibt insbesondere der Ressourcenverbrauch wichtige Hinweise für die Prozessoptimierung. So interessieren vor allem die Fragen, warum der Prozess zur Erbringung der Leistung soviel Ressourcen benötigt und wie viel Ressourcen bei einer Variation der Prozessparameter benötigt würden. Auf Grundlage dieser Daten ist eine Berechnung der Prozesskosten in Abhängigkeit zur geforderten Prozessleistung möglich. Dies gestattet es, die Verursachung der Prozesskosten durch die einzelnen Prozesse transparent zu machen. Erst wenn die Informationen darüber vorliegen, welche

---

[85] *Leerkosten* stellen den Aufwand dar, der durch nicht produktiv genutzte Arbeitszeit verursacht wird. Steht dem Aufwand eine echte Arbeitsleistung gegenüber, spricht man von *Nutzkosten*. Vgl. Fischermanns / Liebelt (2000), S. 89.
[86] Vgl. Fischermanns / Liebelt (2000), S. 89.
[87] Vgl. insbesondere Kuhn / Manthey (1996), S. 129-138.

Ressourcen für die Kostenverursachung verantwortlich sind, kann eine detaillierte Ursachenforschung betrieben werden.[88]

Unternehmenssituation:

Wie bereits in Abschnitt 3.3.1 geschildert, vergehen ca. 6 – 8 Wochen zwischen dem Auftragseingang und der Weiterleitung der kompletten Arbeitspapiere[89] in die F&M. In dieser Zeit kommt es zu einem hohen Anteil an Leerzeiten und -kosten in der F&M.[90] Dazu fehlt es an der Flexibilität, die verschiedenen Fertigungsbereiche optimal auszulasten, bedingt durch eine begrenzte Anzahl an zur Verfügung stehenden Teilefertigungsaufträgen.

Ebenso führen lange Durchlaufzeiten während der arbeitsvorbereitenden Tätigkeiten, multipliziert mit den Stundensätzen und der Anzahl der beteiligten Mitarbeiter, zu hohen Prozesspersonalkosten..[91]

3.3.3. Maximale Qualität

„Quality is, what the customer says it is." [92]

Den Begriff *Qualität* kennt jedermann und niemand will auf Qualität verzichten. Es stellt sich indes die Frage, was Qualität bedeutet.[93] Eingangs wurde zitiert, dass allein der Kunde bestimmt, was Qualität ist. Das moderne Qualitätsmanagement greift diesen Gedankengang auf, wobei es den Begriff *Kunde* weiter fasst. So ist zunächst der Kunde der Kollege innerhalb der eigenen Organisation. Dessen Erwartungen zuallererst zu Erfüllen ist zwingende Voraussetzung, um zu einem Ergebnis zu gelangen, das auch den Außenstehenden befriedigt.[94]

Die beiden wichtigsten Merkmale der Prozessqualität, die der externe Kunde wahrnimmt, sind nach Winz und Quint die Service-Fähigkeit und die Service-Treue. Die *Service-Fähigkeit* stellt sich als der Leistungsrahmen dar, den das Unternehmen anbieten kann, und ist somit dessen Fähigkeit, den vom Kunden geforderten Service bezüglich Größen, Preis, Menge und Zeit zusagen zu können. Daneben ist für den Kunden die tatsächliche Einhaltung der Vereinbarung entscheidend, d. h die *Service-Treue*.[95]

---

[88] Vgl. Winz / Quint (1997), S. 67-72.
[89] *Arbeitspapiere* setzen sich zusammen aus Laufkarten, Materialschein, Lohnscheinen und Zeichnungen.
Die *Laufkarte* begleitet als vollständiger Abzug des Stammblatts das Werkstück durch die gesamte Fertigung zur Steuerung sowie zur Dokumentation des jeweiligen Fertigungsstandes.
Der *Materialschein* dient zum Bezug von Rohmaterial, Halbfertig- und Fertigteilen aus dem Materiallager.
Die *Lohnscheine* werden als Entlohnungsnachweis für den die Arbeit ausführenden Mitarbeiter benötigt. Sie enthalten eine spezifische Arbeitsvorgangszeile, Rüst- und Bearbeitungszeiten. Vgl. Eversheim (1989), S. 14.
[90] Insbesondere, wenn während dieser Zeit eine nur begrenzte Anzahl von Kleinaufträgen zu bearbeiten ist.
[91] Vgl. ausführlicher Schmelzer / Sesselmann (2002), S. 164-167.
[92] Hansen (1996), S. 12.
[93] Vgl. dazu die „Relativität der Qualitätsbeurteilung von Dienstleistungen" bei Corsten (1985), S. 317.
[94] Vgl. Hansen (1996), S. 12-13.
[95] Vgl. Winz / Quint (1997), S. 77-84.

Fischermanns und Liebelt definieren weitere entscheidende Qualitätsmerkmale und zwar Flexibilität, Individualität und Transparenz.[96]

Kennzeichen der *Flexibilität* sind neben der Berücksichtigung von Sonderwünschen der Kunden und diese kurzfristig liefern zu können, auch der Standardisierungs- und Formalisierungsgrad. Werden Prozesse zu starr festgelegt, besteht wenig Handlungsspielraum für die Prozessbeteiligten, kurzfristigen Kundenwünschen zu entsprechen.

Der *Individualität* bzw. dem Verlangen der Kunden nachzugehen und ihnen auf sie zugeschnittene Produkte zu liefern, kann als weiteres Qualitätsmerkmal gesehen werden. Diesem Ziel gehen die Unternehmen jedoch in der Regel nur ungern nach, da ein differenziertes Leistungsangebot zur Folge hat, das die Möglichkeit der Standardisierung verloren geht.

Schließlich wünscht eine Vielzahl von Kunden eine *hohe Transparenz* von Prozessen. Hierzu ist es notwendig, dass alle Informationen ordnungsgemäß erfasst, verarbeitet, kommuniziert und gespeichert werden.

Das im Allgemeinen verfolgte Ziel der Verbesserung der genannten Qualitätsmerkmale ist die Reduzierung der Fehlerkorrekturkosten, damit einhergehende Kosteneinsparung[97] und geringerer Arbeitsbelastung, die Behebung prozessualer Schwachstellen und folglich höhere Kundenzufriedenheit.[98]

Unternehmenssituation:

Betrachtet man die Servicefähigkeit und -treue des Unternehmens, so konnte die Geschäftsführung im gemeinsamen Gespräch keine verbindlichen Aussagen diesbezüglich treffen. Diese Kriterien sind maßgeblich von den Meinungen der externen Kunden abhängig und hätten somit in der Vergangenheit entsprechend erhoben und ausgewertet werden müssen. Aufgrund der gegebenen Aufgabenstellung und des begrenzten Umfangs der vorliegenden Arbeit, wurde dieser Frage nicht weiter nachgegangen. Gleichwohl sollte eine Kundenbefragung dieser Art zukünftig durchgeführt werden, da sich die Geschäftsleitung eine hohe Kundenzufriedenheit zum Ziel gesetzt hat.[99]

Als Stärke sieht die Geschäftsführung die Flexibilität des Unternehmens, mit der auch in fast unmöglichen Unternehmenssituationen Kundenwünsche termingerecht erfüllt werden.[100] Dies ist unter anderem darauf zurückzuführen, dass innerhalb des Unternehmens keine starren Formalien noch Standardisierungen vorliegen und so ein reibungsloser

---

[96] Vgl. Fischermanns / Liebelt (2000), S. 91-92.
[97] Vgl. Specht / Schmelzer (1991), S. 1-2.
[98] Vgl. Scholz / Vrohlings (1994c), S. 73-76.
[99] Eine Kundenbefragung wäre hierbei nicht auf den deutschen Markt zu begrenzen, sondern insbesondere auf die unternehmensexistenziellen Märkte im Ausland auszuweiten. Hierdurch können entscheidende Anhaltspunkte über die Servicefähigkeit und –treue der ausländischen Repräsentanzen im Rahmen einer After-Sales-Untersuchung ermittelt werden. Unter dem Aspekt der höchsten Kundenzufriedenheit sind darauf aufbauend Verbesserungsmaßnahmen einzuleiten.

Ablauf ungefährdet ist. Die Geschäftsführung wünscht diese Stärke auch zukünftig nach einer Optimierung der Geschäftsprozesse zu erhalten.

Weiteres Qualitätskriterium ist die bereits angesprochene Individualität. Vor dem Hintergrund des derzeit herrschenden, schwierigen wirtschaftlichen Umfelds, in dem sich die Akquisition von Aufträgen äußerst schwierig gestaltet, ist es nach Meinung der Geschäftsführung nur in einem begrenzten Rahmen möglich, individuelle Kundenwünsche auszuschlagen. Um diese Problematik zu meiden, wird heute der Gedanke der Individualität mit dem der Standardisierung vereint. So werden bereits existierende (z. B. Waschtrommeln) mit individuell angepassten Bauteilen (z. B. speziell konstruierter Zuläufe) gekoppelt. Dies gestattet die Erfüllung des Kundenwunsches bei zugleich geringerem Angebotspreis einer Anlage. Die Geschäftsführung ist bestrebt, diese Zielvorgabe auch zukünftig zu verfolgen.

Letztlich wünscht die Geschäftsführung ein transparentes Betriebsgeschehen.[101] In Absprache mit der Geschäftsführung wird daher als erstes Ziel eine detaillierte Prozessvisualisierung angestrebt. Erstens kann hierdurch der Geschäftsführung das erst kürzlich übernommene Unternehmen sowie die im Verborgenen ablaufenden Prozesse transparent dargestellt werden. Zweitens bilden die visualisierten Prozesse sowie die dabei identifizierten Schwachstellen eine Modellierungsbasis, auf die aufbauend der Autor der vorliegenden Arbeit die Soll-Prozesse gestalten kann.

3.4. AUSWAHL DER ZU BETRACHTENDEN GESCHÄFTSPROZESSE UND ABGRENZUNG

„Durch die Ausgrenzung von Prozessen wird das prozessorganisatorische Gestaltungsproblem konstituiert, das in der bewusst herbeigeführten Abgrenzung von Gestaltungsobjekten besteht." [102]

Bezug nehmend auf das oben angeführte Zitat, ist für Gaitanides die *Ausgrenzung* ein technischer Begriff, der die problemorientierte Herauslösung betrieblicher Abläufe, die einer näheren Betrachtung unterzogen werden sollen, aus ihrem organisatorischen Kontext kennzeichnet. Ausgrenzung stellt somit bereits einen Teil der Prozessanalyse dar. Ergänzend führt Scholl den Begriff *Identifizierung* ein, um darzulegen, dass Prozesse bereits im Unternehmen existieren, ohne dass sie durch ein wie auch immer geartetes Handeln konkretisiert werden müssen. Die Identifizierung von Prozessen beginnt und endet bereits mit dem Erkennen und Akzeptieren, dass bestimmte Produkte oder Dienstleistungen im Unternehmen erstellt werden.[103] Das Ausgrenzen beinhaltet das unter-

---

[100] So wurde beispielsweise zum Jahresende 2002 ein Kundenauftrag über eine Textilmaschine trotz enger Lieferzeiten angenommen und wider aller Erwartung termingerecht erfüllt.
[101] Aufgrund der erst kürzlich erfolgten Übernahme der Geschäftsleitung, sind ihr die intern ablaufenden Prozesse bis dato nur im Allgemeinen bekannt.
[102] Gaitanides (1983), S. 64.
[103] Vgl. Scholz (1993), S. 92-93.

nehmens- und branchenspezifische Präzisieren und das handwerkliche Dokumentieren eines spezifischen Prozesses.

Gaitanides unterscheidet drei Anlässe für eine Prozessausgrenzung:[104]

- Ausgrenzung durch Differenzierung von Problemen
- Ausgrenzung durch Zielbildung
- Ausgrenzung durch Entscheidungsfeldbildung

Auslösende Faktoren für Reorganisationsprozesse sind im Fall der **Ausgrenzung durch Differenzierung von Problemen** mehr oder weniger spezifizierte Probleme. Ausgehend von einer vagen Beschreibung wird versucht, operationale Teilprobleme zu identifizieren und zu definieren. Auf Basis dieser konkreten Problembereiche wird der Prozess strukturiert, und es werden problemadäquate Maßnahmen eingeleitet.

Ziele bilden eine Voraussetzung dafür, dass Sachverhalte als Probleme erkannt werden. Im Fall der **Ausgrenzung durch Zielbildung** werden Reorganisationsprozesse initiiert, weil reale organisatorische Gegebenheiten nicht den Erwartungen der Entscheidungsträger entsprechen,[105] begleitet von konkreten Zielsetzungen, z. B. die Verringerung der Durchlaufzeit. Entsprechend solcher Ziele für Reorganisationsmaßnahmen können kritische Teilbereiche eingegrenzt und der Prozessanalyse unterzogen werden.

Im Gegensatz zu den vorab erläuterten Ausgrenzungsanlässen, bei denen der Prozess aufgrund von konkreten Unzufriedenheiten mit den bestehenden Strukturen reorganisiert wird, versucht man bei der **Ausgrenzung durch Entscheidungsfeldbildung**, innovative Lösungen zu finden, die als Alternativerzeugung gestaltet werden und damit die Erfüllungsinhalte letztlich offen lassen.

Nachdem die Kerngedanken, das zugrunde liegende Prozessverständnis der Auftragsabwicklung und die Identifizierung von Prozessen erläutert wurden, kann nun mit einer detaillierten Analyse der Prozesse, beginnend mit dem ersten Schritt der Ausgrenzung, erfolgen.

Vor dem Hintergrund, dass die organisatorischen Gegebenheiten im Unternehmen nicht den Erwartungen des Entscheidungsträgers entsprochen haben, kam von ihm der Anstoß zur Initiierung eines Reorganisationsprozesses. Weiterhin wurden bereits in ersten Gesprächen Reorganisationsziele abgeleitet,[106] so dass diesbezüglich eine *Prozessausgrenzung durch Zielbildung*[107] initiiert werden konnte.

---

[104] Vgl. Gaitanides (1983), 64-75.
[105] Zu Indikatoren für Ursachen, die Reorganisationsprozesse auslösen, vgl. ausführlicher Kratzer (1980), S. 106 oder Gaitanides (1983), S. 71.
[106] Vgl. Abschnitt 3.3.
[107] Im Allgemeinen wird sich hierbei auf einen Geschäftsbereich für eine potentielle Gestaltung festgelegt. Dabei endet dies nicht bei der Beschreibung des Geschäftsprozesses, sondern umfasst die detaillierte Beschreibung

Folglich wird der Auftragsabwicklungsprozess vorab in drei Hauptbereiche gegliedert und die einzelnen Teilprozesse vor dem Hintergrund einer *Ausgrenzung durch Zielbildung* betrachtet.

3.4.1. Vertrieb

Der Vertriebsprozess beginnt mit der Akquisition von Kunden und setzt sich über den Kundenauftrag, die Kundenbetreuung bis zur Akquisition von Folgeaufträgen fort.[108] Ausgehend vom Kundenauftrag gibt der Vertrieb den Impuls für die Auslösung des Auftragsabwicklungsprozesses. Nachdem der Auftrag geprüft, bestätigt und kommissioniert[109] wurde, geht er entweder in die Konstruktion oder, im Fall eines reproduktiven Auftrags, in die AV.

Zu bemerken ist, dass das Potential für direkte Durchlaufzeitverkürzungen zwischen der externen Schnittstelle „Kunde" und den internen Schnittstellen „Konstruktion" oder „Arbeitsvorbereitung" von nur geringer Bedeutung ist.

Betrachtet man hingegen die unternehmensübergreifende Wirkung der einerseits durch den Vertrieb angebotenen Produkte und den andererseits erforderlichen konstruktiven und arbeitsvorbereitenden Maßnahmen sowie den Fertigungs- und Montagezeiten, ist eine Durchlaufzeitverkürzung durchaus realisierbar. Eine Möglichkeit wäre bspw. der Vertrieb standardisierter Produkte. Die hierdurch erzielbaren Durchlaufzeitverkürzungen sind jedoch gegen die Einbußen an Individualität und Flexibilität abzuwägen.[110]

In wie weit eine derartige Erwägung langfristige Vorteile für das Unternehmen birgt, wurde dabei im Rahmen dieser Arbeit nicht weitergehend untersucht, bedingt durch den begrenzten Umfang der vorliegenden Arbeit und der Präsenz vielversprechend hoher und direkt realisierbarer Verbesserungspotentiale der im Folgenden aufgeführten Funktionsbereiche der Konstruktion, Arbeitsvorbereitung, Sachbearbeitung, Disposition und Einkauf.

3.4.2. Konstruktion, Arbeitsvorbereitung, Sachbearbeitung, Disposition und Einkauf

Die Konstruktion erstellt Zeichnungen und Stücklisten. Letztere werden anschließend an die AV, die Disposition und den Einkauf weitergeleitet, wo sie entsprechend weiterverarbeitet werden.

Sowohl in der Konstruktion als auch im Einkauf und in der Disposition treten Probleme auf, welche dem Prinzip optimaler Durchlaufzeiten widersprechen. Maßgeblich hierfür ist

---

      der Schnittstellen, die präzise die Grenzen zwischen den einzelnen Geschäftsprozessen definieren. Vgl. ausführlicher Kapitel 4.
[108] Vgl. ausführlicher Schmelzer / Sesselmann (2002), S. 128-129.
[109] D. h. dem Auftrag wurde eine interne Auftragsnummer zugewiesen und im System angelegt.
[110] Vgl. ausführlicher bspw. in Hallmann (1997), S. 151-161.

unter anderem die erst kürzlich erfolgte Abspaltung vom Mutterunternehmen. Bedingt durch die damals vorherrschende Größe des Gesamtunternehmens waren unternehmensübergreifende Normen und Vorgehensweisen unerlässlich. Es gilt jedoch zu überprüfen, ob es im Rahmen der heutigen Unternehmensgröße nicht angebracht ist, sich von einigen dieser Vorgehensweisen zu trennen.

Entscheidend ist jedoch der Grad an Routineaufgaben, der von der AV und SB zu bewältigen ist. Diese beruhen auf einem von der REFA vor ca. 30 Jahren eingeführten System. So wurden damals beispielsweise die Stammblätter per Hand erstellt, in einem Archiv aufbewahrt und gegebenenfalls wieder herausgesucht. Daran hat sich bis heute nichts geändert, wobei gegenwärtig sämtliche Daten ebenfalls in einer Datenbank redundant gehalten werden. Dadurch entsteht unnötiger Mehraufwand in der doppelten Pflege von Archiv und Datenbank, Fehleranfälligkeit durch häufige Medienbrüche etc.

Beobachtet man die Arbeitsflut, welche nach einem großvolumigen Auftrag wie eine Welle durch die einzelnen Geschäftsbereiche schwappt, sorgt ein hoher Grad an zeitintensiven Routineaufgaben für unnötige Engpässe, lange kritische Wege[111] und entsprechend hohe Durchlaufzeiten und Prozesskosten[112].

Mit dem Ziel, die existierenden Wettbewerbsvorteile des Unternehmens zu wahren und möglichst zu steigern sowie die Durchlaufzeit zu optimieren, ohne kostspielige und anpassungsaufwendige Innovationen einführen zu müssen, werden daher diese Funktionsbereiche im Rahmen der vorliegenden Arbeit intensiv behandelt.

3.4.3. Fertigung und Montage

Die F&M erhält zunächst die sowohl nach technischen als auch wirtschaftlichen Kriterien entworfenen Arbeitspapiere aus der AV. Neben der speziell für das zu bearbeitende Produkt erstellten Zeichnung enthalten die Papiere ebenso die Arbeitsfolge, d. h. die detailliert beschriebene Arbeitsanweisung, die im Rahmen des organisatorischen Ablaufs jeweils von einem Arbeiter oder einer Arbeitsgruppe an einem Arbeitsplatz zusammenhängend auszuführen ist. Auch gehen aus den Arbeitspapieren die von der AV definierten Vorgabezeiten[113] hervor, d. h. die Arbeitszeit, die dem Bearbeiter für die Verrichtung der Tätigkeit zur Verfügung steht.

Aufgrund der Tatsache, dass die Vorgabezeiten auf der Basis langjähriger Erfahrung der AV ermittelt, kontinuierlich von ihnen überprüft und optimiert werden, sie weiterhin spezifische Teilezeichnungen zur Verfügung stellen, um so den Bearbeiter nicht mehr als nötig zu beanspruchen und schließlich ähnlich zu fertigende Aufträge bündeln, um Rüstzeitenverringerung zu erzielen, kann davon ausgegangen werden, dass im Rahmen

---

[111] „Der *kritische Weg* ist derjenige Weg, auf dem sämtliche Vorgänge eine Pufferzeit von Null aufweisen. Die Summe der auf ihm liegenden kritischen Vorgangsdauern ergibt die minimale Projektdauer." Definition aus Thommen / Achleitner (1998), S. 383.
[112] Vgl. Abschnitt 4.4.

der Schnittstelle zwischen AV und F&M ein nur begrenzter Spielraum an Verbesserung besteht.

Betrachtet man hingegen den Funktionsbereich F&M, d. h. die eigentliche Werkstattsteuerung, besteht Potential zur Verbesserung der Durchlaufzeiten. Raumüberbrückungsprobleme aus einer tradierten, durch kontinuierlichen Anbau der Produktionshallen gewachsenen, nicht effizienten Anordnung und Verkettung von Betriebsmitteln sowie fehlender automatisierter Transportkapazitäten, sorgen für lange Wege und erhöhte Durchlaufzeiten.[114]

Andererseits ist zu bedenken, dass eine Neuplanung der Produktionshallen und der darin befindlichen Maschinenanordnung sowie damit einhergehende Umbauarbeiten zu einem Ausfall von Betriebsmitteln und Arbeitern führen werden. Dies wird aller Voraussicht nach in Verzögerungen bis hin zur Ablehnung möglicher Kundenaufträge führen. Vor dem Hintergrund, dass sich das Unternehmen derzeit in einer bereits angespannten finanziellen Lage befindet, wurde diese Maßnahme der Verbesserung nicht in Erwägung gezogen. Sollte sich jedoch die finanzielle Lage des Unternehmens zum Positiven hin ändern, sollten entsprechende Schritte in Erwägung gezogen werden.

3.5. ZUSAMMENFASSUNG

Projekte im Rahmen der Geschäftsprozessorganisation bedeuten häufig vielfältige Veränderungen, teilweise sogar umfassende Umbrüche in der Ablauf- und Aufbauorganisation. Ehrgeizige Ziele, wie 20 % – 30 % mehr zu bearbeitende Aufträge bei gleicher Belegschaftszahl, drücken dabei den Willen der Geschäftsführung aus, Gewohntes in Frage zu stellen.

Nachhaltige Verbesserungen der Unternehmensprozesse lassen sich jedoch nur dann erreichen, wenn man die Aktivitäten zunächst auf einen bestimmten, für den Unternehmenserfolg wichtigen Prozess konzentriert. Daher ist nach der Zieldefinition und der Analyse des Auftragsabwicklungsprozesses zu entscheiden, welche dieser Funktionsbereiche einer gezielten Optimierung bedürfen.

Angesichts der Vielzahl zeitintensiver Routineaufgaben und der hohen Durchlaufzeiten innerhalb der Funktionsbereiche Konstruktion, Arbeitsvorbereitung, Sachbearbeitung, Disposition und Einkauf, werden diese Funktionsbereiche im Verlauf der vorliegenden Arbeit einer gezielten Betrachtung und Optimierung unterzogen.

---

[113] Die Vorgabezeiten setzen sich aus Rüst- und Bearbeitungszeit zusammen.
[114] Vgl. ausführlicher Domschke / Drexl (2002), Ellinger / Wildemann (1985) und Felix (1998).

4. ERARBEITUNG EINER MODELLIERUNGSBASIS

Im letzten Kapitel wurden bereits die zu betrachtenden Funktionsbereiche aus dem gesamten Auftragsabwicklungsprozess ausgegrenzt.

Ziel dieses Kapitels ist die Erarbeitung einer Modellierungsbasis für effiziente Soll-Prozesse, d. h. sämtliche Geschäftsprozesse visualisieren, Leistungsparameter aufstellen und messen sowie Schwachstellen identifizieren. Unter diesem Aspekt wird zu Beginn das Vorgehen zur Aufnahme der Prozessabläufe beschrieben und zusätzlich auf Probleme bei der Erfassung eingegangen. Im Anschluss daran werden die Prozesse der beteiligten Funktionsbereiche anhand von Folgeplänen visualisiert und beschrieben. Nachdem über die Visualisierung der Prozessabläufe mittels Folgeplänen ein quantitatives Bild der Prozesse entstanden ist, dienen nun Leistungsparameter dazu, die Effizienz der Geschäftsprozesse zu quantifizieren und die Auswirkung von Verbesserungsmaßnahmen auf das wirtschaftliche Ergebnis zu verdeutlichen. Dabei wird sich auf die wichtigsten Parameter der Prozesseffizienz konzentriert, d. h. Prozesszeiten, -kosten, -qualität und -mengen. Dieses Kapitel abschließend werden in einer Schwachstellenanalyse die vorhanden Prozesse angesichts der im letzten Kapitel definierten Zielsetzungen geprüft und identifizierte Schwachstellen auf ihre Ursache hin untersucht.

4.1. AUFNAHME DER PROZESSABLÄUFE

Am Beginn der Untersuchung steht die detaillierte Erfassung des Ist-Zustands des zuvor ausgewählten Funktionsbereichs und der daran beteiligten Unternehmensprozesse über Interviews. Der Befragte beschreibt dabei in eigenen Worten seinen Teil des Prozesses als Teil seines Arbeitsplatzes. Dem Mitarbeiter kommt mit seinem auf langjähriger Erfahrung basierenden Prozess-Know-How, seiner Auskunftsbereitschaft und seinem Interesse eine zentrale Rolle im Zusammenhang mit dem Gelingen der Prozessvisualisierung und -analyse zu.

Die Beschreibung beginnt an dem Punkt, an dem der Mitarbeiter zum ersten Mal in der gesamten Prozesskette tätig wird. Die getroffenen Aussagen werden handschriftlich festgehalten, wobei sich der Autor der vorliegenden Arbeit an diesem Punkt auf eine schnelle Aufnahme der Daten konzentrierte. Besonderes Augenmerk wird auf Schnittstellen und Verzweigungen gelegt. Bei Schnittstellen muss immer klar erfasst werden, woher die Information kommt und wohin sie weitergeleitet wird. Diese Schnittstellen müssen demnach auch in der Prozessbeschreibung anderer Geschäftsbereiche erneut aufgeführt werden.

Nach der handschriftlichen Aufnahme folgt die Aufbereitung der Daten anhand eines Programms zur Darstellung von Flussdiagrammen[115] und eines Programms zur Veranschaulichung von gedanklichen sowie prozessualen Verbindungen[116]. Bei der Erstellung erhalten die einzelnen Prozesselemente klare Bezeichnungen ohne schwer lesbare Abkürzungen. Dies minimiert den Erklärungsaufwand bei Rücksprachen mit den Prozessbeteiligten und bei Präsentationen vor den Entscheidungsträgern. Bei diesen Rücksprachen wird dem Prozessbeteiligten das ausgedruckte Flussdiagramm vorgelegt und systematisch korrigiert. Dieser Zyklus wird solange durchlaufen, bis das Flussdiagramm die Abläufe im Unternehmen korrekt widerspiegelt.[117]

4.2. Probleme bei der Erfassung

Der stets vorhandene Zeitdruck seitens der im Tagesgeschäft eingebundenen Prozessbeteiligten macht Erfassungstechniken nötig, die den zeitlichen Aufwand möglichst gering halten. Insofern hat sich die im vorherigen Abschnitt beschriebene Technik der Datenaufnahme durch Interviews, Datenvisualisierung durch Programme zur Darstellung von Flussdiagrammen sowie einer anschließenden Rücksprache und Kontrolle als geeignete Maßnahme herauskristallisiert. Ansätze, welche eine sofortige Visualisierung der Prozesse schon während der Befragung der Prozessbeteiligten beinhalten, scheitern am Zeitaufwand.

Probleme treten häufig bei der Vermittlung des Detaillierungsgrades auf. Um zu vermeiden, dass Prozesselemente aus anderen Funktionsbereichen des Unternehmens beschrieben werden, wird das Interview mit dem prozessauslösenden Objekt begonnen, z. B. Eintreffen der Stücklisten, Eintreffen der Stammblätter etc.

Ein weiteres zu vermeidendes Problem ist der Versuch von Vorgesetzten, die Abläufe der Mitarbeiter zu beschreiben. Hier gilt der Grundsatz, dass immer die Person befragt werden soll, welche die Tätigkeit auch tatsächlich verrichtet. Selbst wenn Vorgesetzte früher entsprechende Tätigkeit verrichtet hatten, besteht die Gefahr, dass entweder veraltete oder Soll-Prozesse beschrieben werden.[118]

Auch müssen die Abläufe so aufgenommen werden, wie sie real sind. Dazu gehört, dass sämtliche geplanten und ungeplanten Prozesse sowie sämtliche Wege und Umwege, die ein Auftrag nehmen kann, berücksichtigt werden. Wesentlich ist, dass alle Informationen berücksichtigt werden, welche die betreffende Person zur korrekten Abwicklung aus anderen Funktionsbereichen erhält oder weiterleiten muss, da hierüber die Schnittstellen des Prozessablaufs festgehalten werden.[119]

---

[115] Bspw. Microsoft Visio.
[116] Bspw. Mindmanager.
[117] Vgl. Grabatin / Katscher / Schmidt (1999), S. 10-11 und Winz / Quint (1997), S. 53-54.
[118] Vgl. Grabatin / Katscher / Schmidt (1999), S. 12.
[119] Vgl. Winz / Quint (1997), S. 59-63.

4.3. Prozesse visualisieren

„Die Verbesserung oder zumindest die Vermeidung von Fehlern [gelingt] je eher und wirksamer [...], desto günstiger die Voraussetzung hinsichtlich Motivation, Eigeninitiative und Wissensstand bei den am Entstehungsprozess beteiligten Personen sind." [120]

Die Visualisierung von Prozessabläufen in Form von Flussdiagrammen ist der wichtigste Schritt, um eine Transparenz der Unternehmensprozesse zu schaffen.

Bei der Darstellung von Prozessabläufen stellt sich die Frage, welche Aspekte bei der Erarbeitung einer aussagefähigen Prozessdarstellung zur berücksichtigen sind, damit das vorhandene Potential zur Prozesssteuerung intensiv genutzt wird. Prinzipiell stehen die folgenden Fragen im Vordergrund:[121]

- Welche Prozesse sollen dargestellt werden?
- Ist die Darstellung verständlich?
- Welcher Detaillierungsgrad ist erforderlich?
- Was wird in dem Prozess getan?
- Wer führt die Tätigkeit aus?
- Mit welchen Hilfsmitteln wird die Tätigkeit ausgeführt?
- Wie wird die Prozesseffizienz überprüft?

Diese Fragen gilt es im Folgenden für alle Teilprozesse zu beantworten.

Die Frage nach den **darzustellenden Prozessen** bzw. welche Prozesse ausgegrenzt werden, wurde bereits im vorangegangenen Kapitel beantwortet.[122] Für eine leicht **verständliche Darstellung** der Teilprozesse wird die Technik der Folgepläne gewählt, welche aufgrund der Kombination von Symbolen und erläuternden Begriffen mit wenig Übung auch von Nicht-Organisatoren leicht lesbar sind.[123] Der **erforderliche Detaillierungsgrad** orientiert sich im Wesentlichen am Prozessumfang, wird aber auch durch das Informationsbedürfnis der am Prozess beteiligten Mitarbeiter bestimmt. Demzufolge kommt es zu einer unterschiedlich starken Ausprägung der Prozessdetaillierung innerhalb der Teilprozesse. Die Frage nach den **Tätigkeiten**, den **auszuführenden Stellen** und den **eingesetzten Hilfsmitteln** wird anhand der in Abschnitt 2.3 vorgestellten Symbolik grafisch mittels Flussdiagrammen dargestellt und begleitend beschrieben. Schließlich können anhand der visualisierten Teilprozesse die kritischen Abläufe identifiziert werden,

---

[120] Hansen (1996), S. 11.
[121] Vgl. Scholz / Vrohlings (1994b), S. 41-43.
[122] Die darzustellenden Prozesse sind aus den Funktionsbereichen Konstruktion, Arbeitsvorbereitung, Sachbearbeitung, Disposition und Einkauf, vgl. Abschnitt 3.4.
[123] Vgl. Abschnitt 2.3.1.

welche die **Prozesseseffizienz** maßgeblich beeinflussen. Auch werden in diesem Zusammenhang die zuvor festgelegten Indikatoren für Zeit, Qualität und Kosten aufgenommen.

Im Anschluss an die Visualisierung werden die Prozesse in einer Schwachstellenanalyse ausgewertet,[124] um darauf aufbauend das Design des Soll-Zustands der Prozesse einzuleiten.[125]

4.3.1. Auftragszuordnung

Ziel dieses Teilprozesses ist die Zuordnung von Auftragspapieren an die betroffenen Geschäftsbereiche.

Gemäß **Fehler! Verweisquelle konnte nicht gefunden werden.** liegt zu Beginn der Auftragszuordnung ein Kundenauftrag als zentrales Informationsobjekt vor. Der erste Schritt der Auftragszuordnung besteht darin, zu unterscheiden, ob es sich um einen externen oder internen[126] Auftrag handelt.

Handelt es sich um einen **internen Auftrag** (rechter Pfad) wird ferner unterschieden, ob ein entsprechender Auftrag bereits in der Vergangenheit bearbeitet wurde oder nicht. Im ersten Fall geht der Auftrag direkt in die AV. Im zweiten Fall wird der Auftrag an das Technische Büro (TB) weitergeleitet, welches entscheidet, ob konstruktive Maßnahmen und folglich die Weiterleitung an die Konstruktion notwendig ist oder der Auftrag von der AV direkt weiterbearbeitet werden kann.

Handelt es sich um einen **externen Kundenauftrag**, wird aufgrund der noch existierenden, engen Verbindungen zum Mutterunternehmen und einer besonderer Auftragsabwicklung in *Mutter*-Aufträge und *Sonstige* unterschieden. Letztere gehen über den Verkauf in die Konstruktion, während Mutter-Aufträge in die AV weitergereicht werden. Dort werden die auf dem Kundenauftrag aufgeführten Preise anhand der von dem Unternehmen zuvor abgestimmten Preislisten manuell kontrolliert. Weiterhin werden auf Basis der Erfahrung des Arbeitsvorbereiters Liefertermine auf ihre Realisierbarkeit hin überprüft. Liegen Unstimmigkeiten vor, sind diese mit der Betriebsleitung zu klären und der Kundenauftrag ist entsprechend zu ändern. Nun geht der akzeptierte Kundenauftrag in die SB, wo er dem Kunden bestätigt und kommissioniert wird, d. h. systemtechnisch angelegt wird.

Anschließend trifft der Auftrag erneut in der AV ein, die nun zu entscheiden hat, ob es sich um einen bereits aus der Vergangenheit bekannten, reproduktiven Auftrag handelt.

---

[124] Vgl. Abschnitt 4.5.
[125] Vgl. Abschnitt 5.2.
[126] Beispiel für einen internen Auftrag ist die Fertigung von Lagerteilen aufgrund des Unterschreitens festgelegter Lagerbestände.

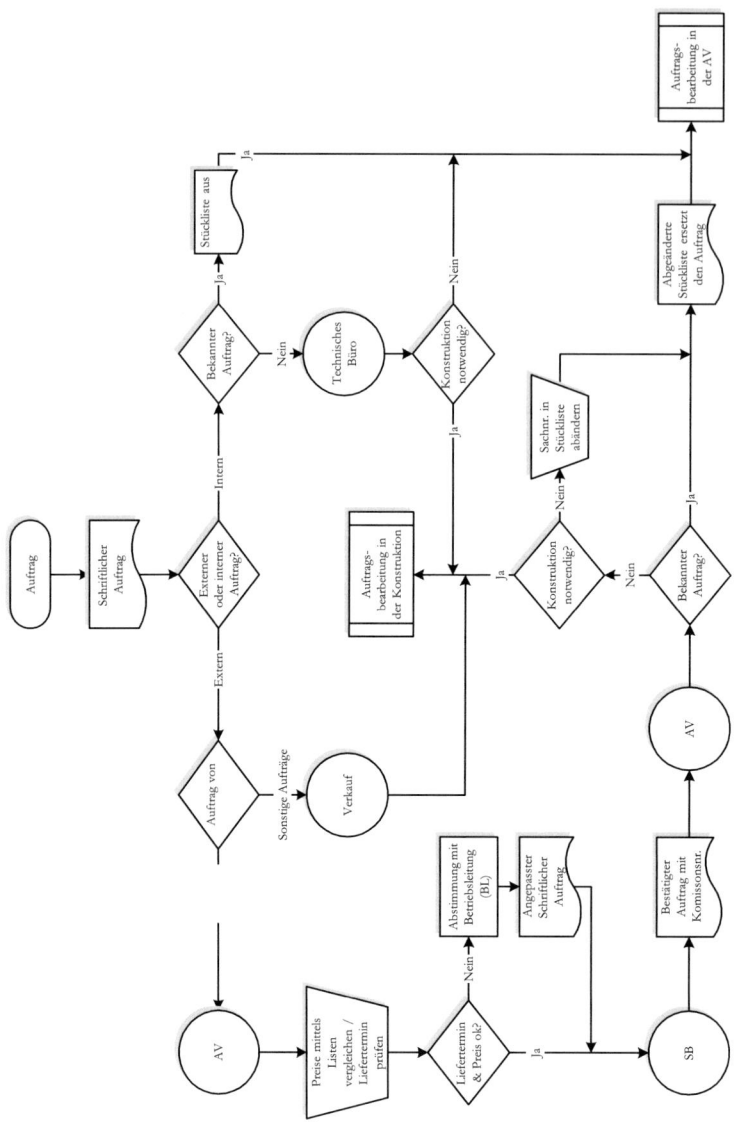

Abbildung 6: *Prozessablauf in der Auftragszuordnung*

In diesem Fall ist der Auftrag durch einen, in einem Ordner abgelegten, bereits in der Vergangenheit bearbeiteten Auftrag auszutauschen. Dies ist notwendig, da das Mutterunternehmen zwar einen quasi identischen Auftrag vergeben hat, jedoch die Sachnummer der Stücklistenpositionen variiert.[127] Folglich könnte der

---

[127] Hintergrund ist die Entscheidung des Mutterunternehmens, dass jede Sachnummer nur mit einer spezifischen Zeichnungsnummer gekoppelt werden darf. Wird nun ein identisches Teil in zwei verschiednen Zeichnungen verwendet, sind diesem auch zwei verschiedene Sachnummern zuzuweisen. Eine Möglichkeit der Abhilfe wären Einzelzeichnungen für jedes Teil, so wie es das Unternehmen sei längerem bereits vollzogen wird. Diese Einzelzeichnungen können dann in eine übergeordnete Zeichnung eingebunden werden. Dies bedeutet jedoch Mehraufwand für die Erstellung der Zeichnungen, allerdings mit dem Vorteil einer eindeutigen Zuordnung von einer Sachnummer für ein Teil.

Auftragsvorbereiter nicht auf bereits erstellte Arbeitspapiere zurückgreifen und müsste diese neu erstellen. Bedingt durch die neue Sachnummer gäbe es keine Möglichkeit auf Lagerteile zurückzugreifen und folglich müssten sie neu gefertigt werden.

Bei unbekannten Aufträgen entscheidet die AV, ob der Auftrag an die Konstruktion weitergeleitet werden muss oder Abänderungen bekannter Stücklisten und Auftragspapiere genügen und sie den Auftrag selbst weiter bearbeitet.

4.3.2. Konstruktion

Aufgabe der Konstruktion ist das Erstellen von Zeichnungen und Stücklisten auf Basis von Kundenaufträgen.

Wie bereits in der Auftragszuordnung erwähnt, erhält die Konstruktion den Kundenauftrag auf den verschiedensten Wegen. Abbildung 7 veranschaulicht, dass zu Beginn des Konstruktionsprozesses ein für jeden zugänglicher Auftragsordner angelegt wird, welcher sämtliche konstruktiv bedingten Informationen enthält, wie den Kundenauftrag, Stücklisten, Zeichnungen etc.

Nun gilt es den Auftrag zu kategorisieren und zwar in Neu- und Anpassungskonstruktionen.

Neukonstruktionen erfordern einen eventuellen Entwurf am Reißbrett sowie das Entwickeln einer Zeichnung mittels einer CAD-Anwendung[128] auf Unix Rechnern. Das Ergebnis wird innerhalb der Konstruktion abgestimmt und so lange überarbeitet, bis eine zufrieden stellende Lösung entwickelt wurde. Im Fall eines externen Auftrags wird hinterher die CAD-Zeichnung über mehrere Schritte[129] in eine Pdf-Datei[130] konvertiert.

Weiterhin ist eine Stückliste durch die Konstruktion zu erstellen. Ab diesem Zeitpunkt entspricht die ab nun zu bewältigende Arbeit die der **Anpassungskonstruktion**. Zuvor musste bei letztgenannter überprüft werden, welche Baugruppen neu zu gestalten waren, d. h. ob sie den Weg der Neukonstruktion durchlaufen, oder ob eine bereits existierende Baugruppe und Stückliste übernommen bzw. angepasst werden kann. Die Anpassung erfolgt dabei durch das Heraussuchen der Stückliste aus dem EDV-System (Datenbank) und der Zeichnung aus der Bilddatenbank[131], dem Duplizieren beider und der Anpassung an entsprechende Vorgaben.

---

[128] ME10 von dem Unternehmen CoCreate.
[129] In Abhängigkeit von der Erfahrung des Konstrukteurs bedarf die Umwandlung einer Zeichnung ca. 10-15 Minuten pro Zeichnung. Es wird jedoch bewusst darauf verzichtet, die einzelnen Schritte explizit zu erläutern, da sie für das weitere Verständnis der Prozesse nicht von Nöten sind.
[130] „Das Adobe Portable Document Format (PDF) ist der offene de facto Standard für die elektronische Dokumentenverteilung weltweit. PDF ist ein universelles Dateiformat, das alle Schriften, Formatierungen, Farben und Grafiken jedes Ausgangsdokuments beibehält, unabhängig von der Anwendung und der Plattform die zur Erstellung verwendet wurden." Definition nach Adobe (2003), o. S.
[131] Adicad von dem Unternehmen TP-CAD GmbH.

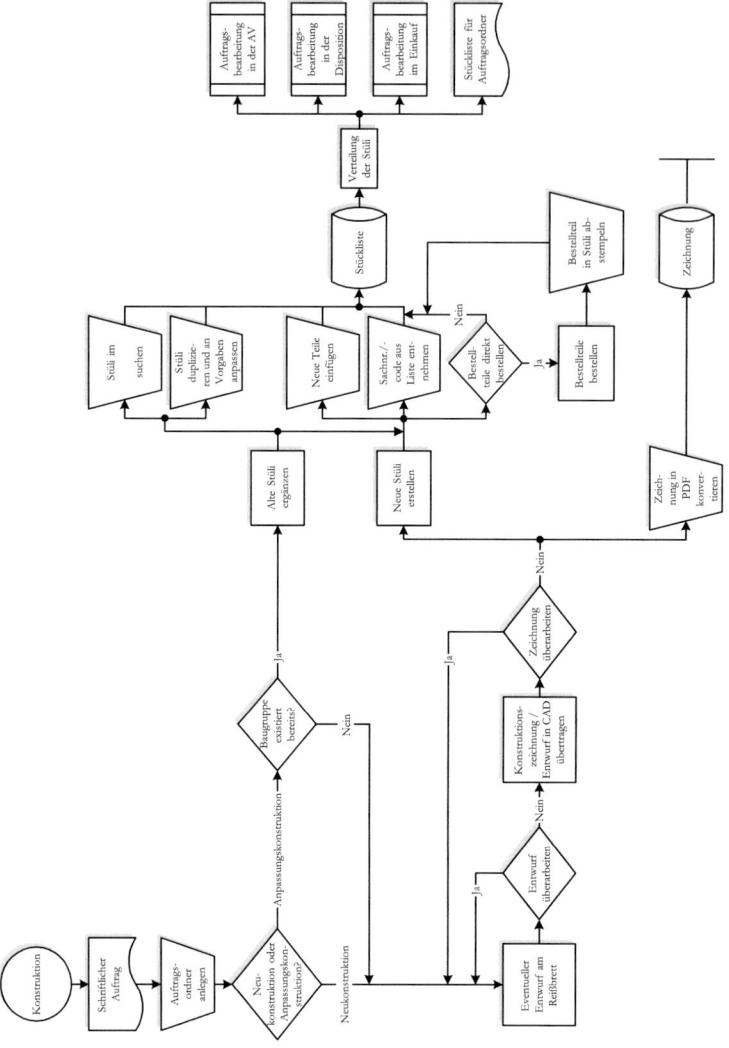

Abbildung 7: *Prozessablauf in der Konstruktion*

Ist es erforderlich, dass neue Positionen in eine Stückliste aufgenommen werden müssen, ist der Konstrukteur angewiesen, aus einem Nummernbuch den entsprechenden Sachcode[132] des zu konstruierenden Teils und eine fortlaufenden Sachnummer zu entnehmen. Um eine Mehrfachverwendung und einer daraus möglichen Verwechslung der Sachnummern zu vermeiden, hat er die Entnahme mit seinem Namenskürzel zu quittieren.

---

[132] Der Sachcode ist Teil einer Normung des Mutterunternehmens. Ziel ist die eindeutige Definition von Teilen mittels eines Sachcode. Der Sachcode steht dabei für eine durch die Normung festgelegte Bezeichnung des Teils (z. B. „Winkel 90°" oder „Winkel 60°"). Dadurch wird vermieden, dass es dem Konstrukteur individuell überlassen ist, Teile zu bezeichnen (z. B. nur „Winkel").

Die nun in der Datenbank abgelegten, kompletten Stücklisten werden in vierfacher Ausgabe ausgedruckt und mit Stempeln des adressierten Funktionsbereichs versehen, also Konstruktion, AV, Disposition und Einkauf. Die für die Konstruktion bestimmte Stückliste wird sodann im Auftragsordner abgelegt.

Es ist anzumerken, dass in Ausnahmefällen, d. h. bei zeitkritischen und bei technisch umfangreichen, erklärungsaufwendigen Teilen, die Konstruktion Einkaufteile direkt beim Lieferanten bestellt, ohne dies über den Einkauf abzuwickeln.

4.3.3. Disposition und Einkauf

Aufgaben der Disposition und des Einkaufs sind, Lagerteile zu reservieren und Kaufteile zu bestellen.

Ausgehend von der **Dispositionsstückliste** aus der Konstruktion (senkrechter Pfad in Abbildung 8), durchsucht ein Mitarbeiter die Stückliste nach dem Zahlencode „030", welcher sich neben der Teilezeichnung am rechten Rand der Stückliste befindet. Dieser Code gibt Aufschluss darüber, dass es sich um ein Lagerteil handelt. Durch Eingabe der Sachnummer, Kommissionsnummer, Stückzahl und des Termins in die Datenbank wird die Reservierung ausgelöst.

Ein Ausdruck der reservierten Teile wird nun per Hauspost an das Lager geschickt, wo die Teile in Kisten sortiert und die entsprechende Positionen auf der Reservierungsliste ausgestrichen werden. Die abgearbeitete Liste wird an die Disposition zurückgesandt und durch Eingabe der teilespezifischen, sechsstelligen Belegnummer[133] in der Datenbank wird der Lagerabgang jeder einzelnen Position verbucht.

Parallel zu dem physischen Vorgang der Lagerentnahme überprüft das System automatisch, ob der zuvor festgelegte Soll-Lagerbestand durch die Reservierung unterschritten wurde. Ist dies der Fall, wird zweimal wöchentlich ein Bestellvorschlag an die Disposition und AV geschickt, welche auf den Missstand aufmerksam macht. Im Konsens zwischen den beiden Funktionsbereichen wird entschieden, ob der Bestellvorschlag angenommen und ein interner Auftrag oder ein Bestellvorgang ausgelöst wird. Alternativ kann der aktuelle Soll-Lagerzustand angepasst werden, in Abhängigkeit von den zu erwartenden Auftragseingängen, Erfahrungswerten etc.

Der Einkauf durchsucht die **Einkaufsstückliste** nach Informationen, welche Positionen zu bestellen sind (rechter Pfad in Abbildung 8). Hier ist die Erfahrung des Mitarbeiters gefragt, da keine expliziten Angaben aus der Stückliste zu entnehmen sind, bei welchen Positionen es sich um Kauf- oder Fertigungsteile handelt.[134]

---

[133] Die Belegnummer wurde bei der Reservierung der Teile automatisch generiert und ist auf der Liste erkenntlich.
[134] Das Mutterunternehmen legte hierfür den Sachnummernstamm beginnend mit 71 fest, jedoch ist dieser bereits komplett vergeben. Heute werden einfach fortlaufende Sachnummern vergeben.

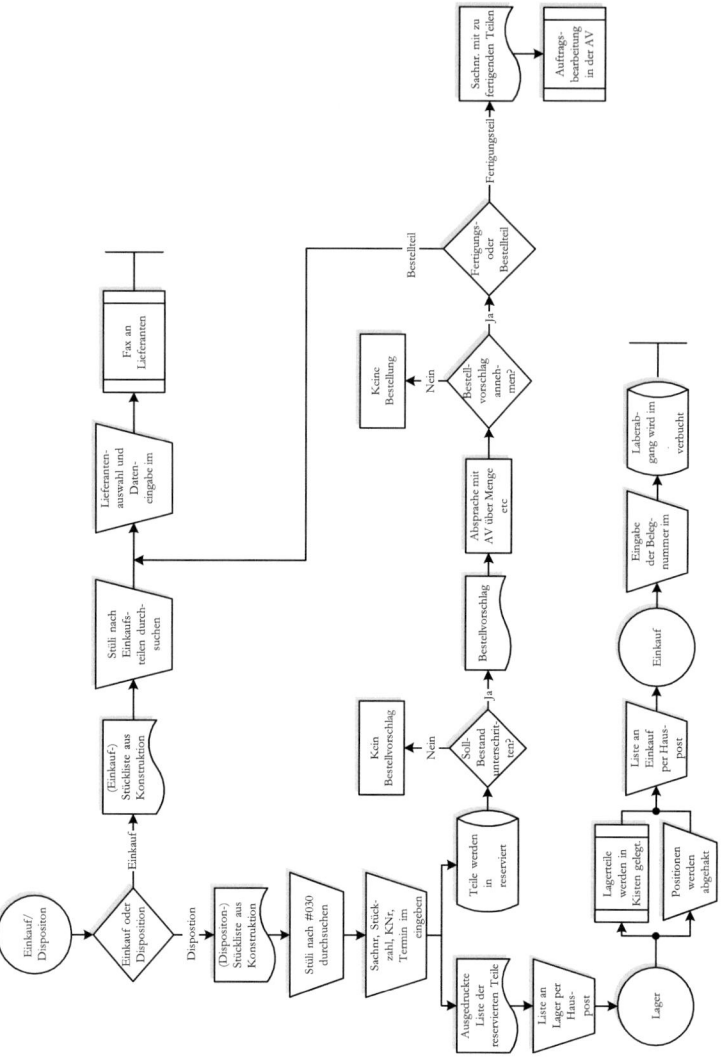

Abbildung 8: *Prozessablauf in der Disposition und im Einkauf*

Die Datenbank dient dem Einkäufer zur Unterstützung bei der Lieferantenauswahl und der Bestellung. Die ins System eingegebenen Bestellungen werden dabei automatisch abends per Fax an die Lieferanten geschickt.

4.3.4. Arbeitsvorbereitung

Aufgabe der Arbeitsvorbereitung ist, Arbeitspapiere auf Basis von Stücklisten zur Verfügung zu stellen.

In Abbildung 9 ist zu erkennen, dass die AV verschiedene Arten von Aufträgen und Stücklisten unterscheidet.

Erstens liegen für interne Aufträge die Stücklisten aus der Datenbank vor, von wo aus sie ausgedruckt und weiterverarbeitet werden.

Zweitens entnehmen die Arbeitsvorbereiter die bereits angepassten Stücklisten[135] aus dem entsprechend dafür angelegten Ordner, wenn es sich um einen Auftrag von dem Mutterunternehmen handelt.

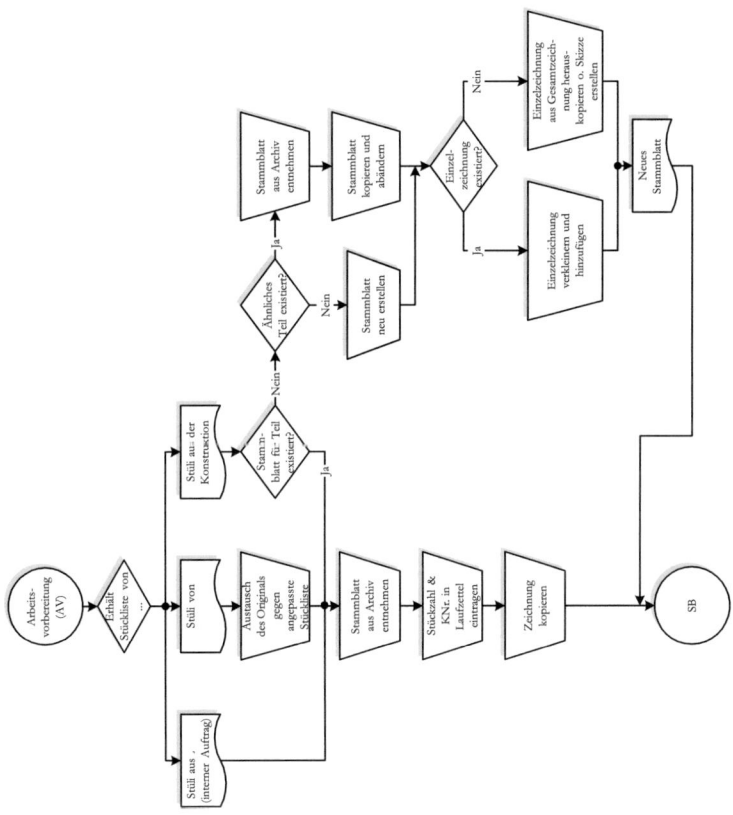

Abbildung 9: *Prozessablauf in der Arbeitsvorbereitung*

Drittens erhalten sie die Stückliste aus der Konstruktion. In diesem Fall ist es wahrscheinlich, dass Arbeitspapiere teilweise neu zu erstellen sind. Dabei können Zeitersparnisse erzielt werden, wenn bereits ähnliche Arbeitspapiere existieren, diese fotokopiert und abgeändert werden. Ansonsten müssen sämtliche Arbeitsfolgen sowie Rüst- und

Bearbeitungszeiten neu erarbeitet werden. Anschließend sind den Papieren Zeichnungen hinzuzufügen. Dies geschieht entweder indem eine bestehende teilespezifische Zeichnung auf das entsprechende Maß skaliert oder eine Einzelzeichnung aus einer Gesamtansicht herauskopiert bzw. per Skizze erstellt wird.

Günstigenfalls existieren die Arbeitspapiere bereits. Dann können sie aus dem Archiv anhand der in der Stückliste aufgeführten Sachnummer herausgesucht werden. Anschließend müssen in einer Liste auf der Rückseite der Arbeitspapiere die zu fertigende Stückzahl, die auftragsspezifische Kommissionsnummer sowie das Kürzel des Arbeitsvorbereiters eingetragen werden. Auch ist die beigefügte Konstruktionszeichnung zu fotokopieren, damit diese später der Laufkarte hinzugefügt werden kann.

Die neu erstellten oder aus dem Archiv stammenden Arbeitspapiere werden schließlich an die SB weitergeleitet.

4.3.5. Sachbearbeitung

Aufgabe der Sachbearbeitung ist die Bestätigung und Kommissionierung von Aufträgen sowie die Bearbeitung von Arbeitspapieren und deren Rücklauf.

Aus Abbildung 10 ist zu erkennen, dass die SB grundsätzlich in zwei Arten von Aufträgen unterscheidet. Dies ist jedoch nur von Relevanz für die Vergabe der Kommissionsnummer. Während die Vergabe bei Ersatzteilaufträgen automatisch durch die Datenbank generiert wird, muss in sonstigen Fällen die SB manuell eine fortlaufende Kommissionsnummer vergeben.

Danach wird der Auftrag in der Datenbank angelegt, in ein Auftragsbuch eingetragen und schließlich dem Kunden per Post bestätigt.

Daraufhin wird der durch die Kommissionsnummer ergänzte Auftrag zur Weiterverarbeitung an die betroffenen Abteilungen geleitet, d. h. Fertigungsteile an die AV, Lagerteile an die Disposition etc.

Nachdem der Auftrag den Prozess der AV durchlaufen hat, erhält die SB sämtliche Arbeitspapiere zurück, einschließlich kommissionsspezifischer Informationen wie Kommissionsnummer, zu fertigende Stückzahl sowie das Kürzel des Arbeitsvorbereiters.[136] Anzumerken ist, dass die von der AV neu erstellten Arbeitspapiere in der Datenbank ebenfalls anzulegen sind.

Nun werden die kommissionsspezifischen Informationen aller Arbeitspapiere in der Datenbank eingegeben. Dieser Schritt löst den eigentlichen Auftrag für die F&M aus.

---

[135] Vgl. Abschnitt 4.3.1.
[136] Vgl. Abschnitt 4.3.4.

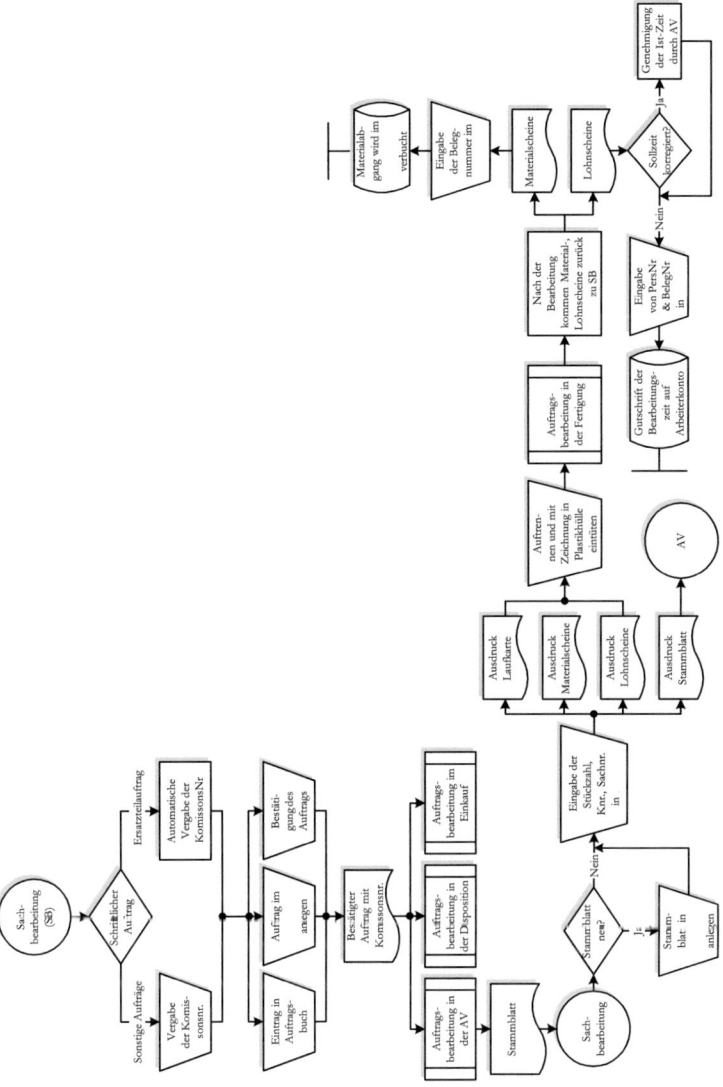

Abbildung 10: *Prozessablauf in der Sachbearbeitung*

Folgend werden automatisch für jedes Arbeitspapier eine Laufkarte, Material- sowie Lohnscheine und ein Stammblatt auf perforiertem Papier ausgedruckt. Das neue Stammblatt ersetzt das alte und wird mit den Arbeitspapieren wieder ins Archiv gesandt. Gleichzeitig müssen die Laufkarte, der Material- und die Lohnscheine manuell an der Perforation getrennt und zusammen mit der bereits zuvor von der AV fotokopierten Teilezeichnung in eine Plastikhülle eingetütet werden. Diese Unterlagen werden an die F&M weitergeleitet.

Nach der Bearbeitung in der F&M kommen die Material- und Lohnscheine zurück zur SB, wobei neben der Personalnummer des Bearbeiters auch gegebenenfalls Überschreitungen der zuvor festgelegten Soll-Zeiten auf den Lohnscheinen notiert wurden.[137] Ist diesem Fall wird in der AV entschieden, ob die tatsächliche Ist-Zeit gerechtfertigt ist und somit dem Bearbeiter auf dessen Zeitkonto gutgeschrieben werden soll. Die allgemeine Gutschrift erfolgt daraufhin in der SB durch Eingabe der Personal- und der sechsstelligen Belegnummer[138] sowie der eventuell angepassten Zeiten.

Der Materialscheinrücklauf und -abgang wird analog den Lohnscheinen durch Eingabe der teilespezifischen Belegnummer in der Datenbank verbucht.

4.4. Messen der Prozessleistungen

Nachdem über die Visualisierung der Prozessabläufe mittels Folgeplänen ein quantitatives Bild der Prozesse entstanden ist, dienen Leistungsparameter dazu, die Effektivität und Effizienz der Geschäftsprozesse zu quantifizieren und die Auswirkungen von Verbesserungsmaßnahmen auf das wirtschaftliche Ergebnis zu verdeutlichen. Nach Schmelzer und Sesselmann ist die Anzahl der Leistungsparameter auf ein Minimum zu beschränken, weshalb sich im Folgenden auf die wichtigsten Parameter der Prozesseffizienz konzentriert wird. Diese sind Prozesszeiten, -kosten, -qualität. Prozessmengen werden im Rahmen der Prozesskostenrechnung erfasst, wo sie eine wichtige Rolle spielen. Im Gegensatz hierzu, besitzen sie als unmittelbarer Leistungsindikator nur geringe Aussagekraft.[139]

Vor dem Hintergrund einer maximalen Durchlaufzeitverkürzung der in Abschnitt 4.3 visualisierten Funktionsbereiche sowie der Erkenntnis, dass im Bereich der AV und SB hauptsächlich sich immer wiederholende Routineaufgaben abgeleistet werden[140] und gleichzeitig diese Bereiche fast 50 % der arbeitsvorbereitenden Bearbeitungszeit beanspruchen[141], wird sich im weiteren Verlauf der vorliegenden Arbeit auf diese potentialträchtigen Bereiche konzentriert.

---

[137] Bei ca. 3 % des Lohnscheinrücklaufs kommt es zu Überschreitung der Soll-Zeit aus den unterschiedlichsten Gründen. Im Allgemeinen werden dabei die Ist-Zeiten von der AV akzeptiert.
[138] Die Belegnummern für Material- und Lohnscheine werden vom System automatisch generiert und sind auf den Scheinen erkenntlich.
[139] Vgl. Schmelzer / Sesselmann (2002), S. 145-175.
[140] Eine Beobachtung und Befragung der beteiligten Mitarbeiter ergab, dass ca. 80 % ihrer Tätigkeiten aus Routineaufgaben bestehen.
[141] Vgl. Abschnitt 3.3.1.

4.4.1. Prozesszeiten

Bereits in der Prozessvisualisierung wird eine Reihe von strukturellen Schwachstellen und Effizienzpotentialen deutlich. Ein weiterer Weg, Potential in Prozessen aufzudecken, erfolgt auf Basis der grafischen Auswertung der Analyseergebnisse im Durchlaufzeiten-Prozesskosten-Diagramm.

Dabei werden die Durchlaufzeiten (DLZ) einer Stücklistenposition und die kumulierten Prozesskosten (PK) für die Bearbeitung bereits vorhandener sowie neu zu erstellender Arbeitspapiere in einem Diagramm aufgetragen. Hierdurch können Teilprozesse aufgezeigt werden, die gleichzeitig Zeit- wie auch Kostentreiber sind.[142] In Anbetracht der Durchlaufzeiten sind sie besonders potentialträchtig und das vorrangige Ziel der Optimierungsbemühungen.[143]

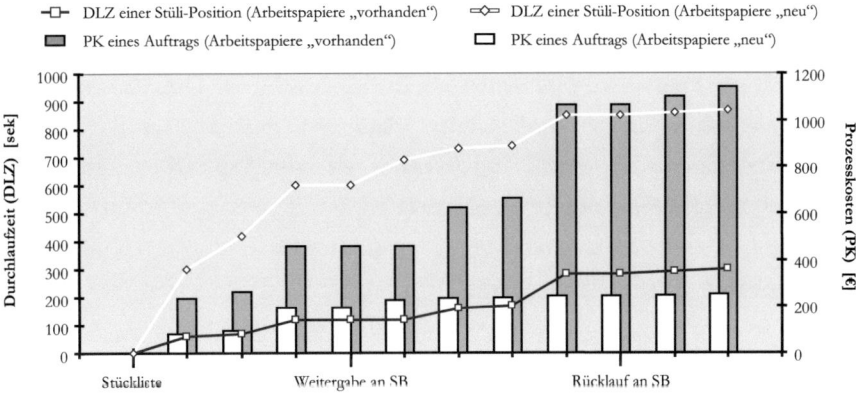

Abbildung 11: *Durchlaufzeiten-Prozesskosten-Diagramm* [144]

Aus den bereits eingangs genannten Gründen, wird sich in Abbildung 11 auf die Durchlaufzeiten und Prozesskosten der AV und der SB konzentriert. Dabei werden die Durchlaufzeiten für die Neuerstellung (weiße Kurve) und für die Bearbeitung bereits vorhandener Arbeitspapiere (schwarze Kurve) über den einzelnen Prozessabschnitten[145] aufgetragen. Des Weiteren werden die kumulierten Prozesskosten für die Bearbeitung der Arbeitspapiere einer Anlage mit 700 Stücklistenpositionen (90 % der Arbeitspapiere sind bereits vorhanden und 10 % neu zu erstellen) in Abbildung 11 dargestellt, bevor sie im anschließenden Abschnitt 4.4.2 ausführlicher analysiert werden.

---

[142] Unternehmensprozesse, die in Relation zur Gesamtdurchlaufzeit große Durchlaufzeitenanteile und im Vergleich zu den Gesamtprozesskosten hohe Kostenteile verursachen, können im Diagramm durch Sprünge im Kurvenverlauf besonders leicht identifiziert werden. Ziel ist es deshalb, die Ideal-Kurven der Durchlaufzeiten und Prozesskosten möglichst flach zu gestalten, d. h. nach unten zu verschieben.
[143] Vgl. Kaeseler (1999), S. 101-104.
[144] Die Datenerfassung erfolgte anhand von Zeitmessungen und Befragungen der am Prozess beteiligten Mitarbeiter. Liege- und Transportzeiten wurden vernachlässigt, da diese aufgrund ihrer geringen Höhe nicht explizit aufgenommen werden konnten.

Man erkennt in Abbildung 11 die Differenz zwischen den Durchlaufzeiten bei „neu zu erstellenden Arbeitspapieren" und denen bei „bereits vorhandenen Arbeitspapieren". Dies lässt sich darauf zurückführen, dass die AV für die Neuerstellung ca. 10 Minuten Bearbeitungszeit bedarf gegenüber 3 Minuten bei „bereits vorhandenen Arbeitspapieren".

Weiterhin auszumachen ist der kontinuierlich steile Anstieg der weißen Kurve während der AV und die zwei kleineren Sprünge der schwarzen Kurve. Letztere sind auf die Tätigkeiten „Heraussuchen der Arbeitspapiere aus dem Archiv" sowie „Vervielfältigung der beigelegten Zeichnung" zurückzuführen.

Nachdem die Papiere an die SB weitergereicht wurden, ähneln sich beide Kurvenverlaufe auf unterschiedlichem Niveau.[146] Kritisch in diesem Funktionsbereich sind die Tätigkeiten „Eingabe der auftragsspezifischen Information" sowie das „Trennen und Eintüten der Auftragspapiere".

Nach der Darstellung und Analyse der Prozesszeiten lässt sich somit als erstes Ergebnis festhalten, dass die „Erstellung und Bearbeitung von neuen Arbeitspapieren" als potentialträchtiger Prozess zu optimieren ist. In Anbetracht der Durchlaufzeiten gelten die Optimierungsbemühungen insbesondere dem gesamten Bereich der AV sowie einzelner Tätigkeiten der SB, welche sind „Eingabe der auftragsspezifischen Information" und „Trennen und Eintüten der Auftragspapiere".

4.4.2. Prozesskosten und –mengen

Im Anschluss an die Betrachtung der Prozesszeiten ist eine Analyse der Prozessmengen erforderlich, da sie neben den Prozesszeiten die zu minimierenden Prozesskosten direkt beeinflussen. Würden die Prozessmengen vernachlässigt und somit eine vorschnellen Ausgrenzung potentialträchtiger Prozesse im Rahmen der Prozesszeitenbetrachtung vollzogen, wäre ein suboptimales Resultat die Folge. Daher ist die Ermittlung der Prozesskosten ein wichtiger Schritt, um das finanzielle Ausmaß ineffizienter Prozesse darzulegen.

Neben den Durchlaufzeiten stellt Abbildung 11 auch den kumulierten Aufwand der einzelnen Prozessschritte in Form von Säulen dar. Die zugrunde gelegte Berechnung des dargestellten Aufwands erfolgt dabei auf Basis einer Anlage mit 700 Stücklistenpositionen, wobei für 90 % der Positionen die Arbeitspapiere bereits existieren. Das Einkommen der beteiligten Mitarbeiter ist in Höhe von € 36.000 p. a. veranschlagt.[147]

Rasch ist ersichtlich, dass trotz klar längerer Durchlaufzeiten bei „neu zu erstellenden Arbeitspapieren" der hierdurch entstandene Aufwand markant unterhalb des Aufwands bei „bereits vorhandenen Arbeitspapieren" liegt. Dies ist auf die Prozessmengen zurückführen, welche die beiden Prozesse durchlaufen. Wie bereits zuvor geschildert,

---

[145] Aus Gründen einer unmittelbar verständlichen Anschauung wird in Abbildung 11 bewusst auf die Nennung einzelner Prozessschritte verzichtet, da sie den in Abschnitt 4.3 erläuterten entsprechen.
[146] Nuancen entstehen durch den zusätzlichen Aufwand, die Arbeitspapiere in die Datenbank einzugeben.
[147] Vom Arbeitgeber zusätzlich zu tragende Lohnnebenkosten wurden in diesem Beispiel vernachlässigt.

kann im Allgemeinen zu ca. 90 % der Zeit auf „bereits vorhandenen Arbeitspapiere" zurückgegriffen werden, während nur ca. 10 % neu zu erstellen sind.

In Anbetracht der Prozesskosten und -menge lässt sich daher festhalten, dass sämtliche Prozesse der Bearbeitung „bereits vorhandenen Arbeitspapiere" hier als potentialträchtige Kostentreiber erachtet werden. Damit gelten sie als erster Ansatzpunkt für die Optimierung, während sie im Rahmen der Prozesszeitenanalyse von zweitrangiger Bedeutung waren.

4.4.3. Prozessqualität

„When you have a lot of problems, you must get better at fixing them if you are going to keep your customers."[148]

In industriellen Abläufen und Fertigungsprozessen bestimmte Fehlerquoten als unvermeidlich zu akzeptieren, war und ist auch heute noch eine weit verbreitete Qualitäts-Philosophie. Bedenkt man jedoch, dass fehlerfrei ablaufende Prozesse fehlerfreie Produkte zum Ergebnis haben, sollte der Qualitätsbegriff auf den Prozess dementsprechend erweitert und der Fokus auf einen fehlerfreien Ablauf gerichtet werden. Dann kann die Verfolgung dieses Qualitätsziels zur verbesserten Prozessbeherrschung führen, d. h. Fehlerraten werden minimiert, Fehlleistungskorrekturen und –kosten eliminiert und Prozessverzögerungen reduziert.[149]

Als Instrument der Qualitätsgestaltung und -verbesserung eignen sich dabei zahlreiche, sich ergänzende Methoden, wie beispielsweise die Wertanalyse, Fehlermöglichkeits- und Fehlereinflussanalyse (FMEA) etc.[150]

In Anbetracht der Zielvorgaben[151], die Durchlaufzeiten sowie die damit verbundenen Prozesskosten zu reduzieren und dabei die bisherigen Qualitätsmerkmale zu wahren, verzichtet die Geschäftsführung ausdrücklich auf eine Qualifizierung der Fehlerraten sowie monetäre Bewertung der Fehlleistungskorrekturen. Unterstützendes Argument ihrerseits sind die relativ geringen, stark schwankenden Beträge der einzelnen Arbeitspapiere, welche von der AV und SB pro Durchlaufzyklus bearbeitet werden, und einer damit verbundenen problematischen Quantifizierung und zweifelhaften Aussagekraft der Ergebnisse.

Darüber hinaus wird angesichts des globalen Unternehmenszieles der Geschäftsführung, höchste Kundenzufriedenheit zu erwirken, eine weitere Studie mit dem Ziel der Qualitätsmessung im Bereich der F&M angeraten. Dabei könnten die bereits in Abschnitt 3.4.3 angerissenen Potentiale einer Prozessverbesserung in der F&M detailliert erörtert sowie konzeptionell und operativ realisiert werden.

---

[148] Harrington (1991), S. 8.
[149] Vgl. Riekhof (1997b), S. 17-18.
[150] Eine ausführliche Beschreibung der verschiedenen Methoden wird aufgrund des begrenzten Umfangs dieser Arbeit unterlassen und auf entsprechende Literatur verwiesen. Vgl. bspw. Specht / Schmelzer (1991), S. 14-21.
[151] Vgl. Abschnitt 3.3.

4.4.4. Qualitative Bewertung der Prozessleistung

Erst die Berücksichtung der Prozesskosten, -zeit und -qualität erlaubt eine ganzheitliche qualitative Bewertung der Prozessleistung. Sie sind daher von wesentlicher Bedeutung für die Beurteilung eines Prozesses, und das nicht nur weil das Bereinigen von Fehlern Geld und Zeit kostet, sondern weil Prozesskosten und die Durchlaufzeit zwei weitere, sich ergänzende Erfolgsfaktoren im Wettbewerb mit anderen Unternehmen darstellen.

Die Prozessleistung wird somit durch die Ausprägungen der Prozesskosten, -zeit und -qualität bestimmt. Prozessänderungen, die sich ausschließlich auf eines der drei Ziele, z. B. Durchlaufzeit, konzentrieren, können daher die Prozesskosten oder das Qualitätsniveau negativ beeinflussen. Erst durch das Zusammenführen der drei Leistungsparameter der Prozesskosten, -zeit und -qualität ist eine effiziente Prozesssteuerung zu realisieren.[152]

Abbildung 12 zeigt eine qualitative Zusammenführung der Leistungsparameter des Ist-Zustands der Auftragsbearbeitung in der AV und SB. Gewiss erlaubt die alleinige Kenntnis und Darstellung der qualitativen Leistungsparameter vorerst keine Identifizierung möglicher Verbesserungspotentiale. Allerdings veranschaulicht der Vergleich mit den Leistungsparametern des verbesserten Prozesses die realisierten Verbesserungspotentiale (vgl. Abbildung 16).

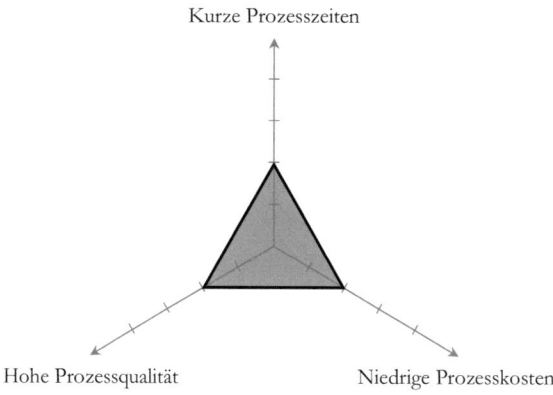

Abbildung 12: *Qualitative Darstellung der Prozessleistung des Ist-Zustands*

Die Zielsetzung ist erreicht, wenn der Prozess das größte Prozessvolumen erreicht hat. Es ist jedoch verfrüht, in diesem Status von einem optimalen Prozess zu sprechen, da nicht ausgeschlossen werden kann, dass dieser Prozess weitere Verbesserungspotentiale beinhaltet.

---

[152] Vgl. Scholz / Vrohlings (1994c), S. 58-60.

4.5. Schwachstellenanalyse

In der Schwachstellenanalyse werden die vorhandenen Strukturen und Prozesse angesichts der Zielsetzung des Projekts[153] geprüft und identifizierte Schwachstellen auf ihre Ursache hin untersucht. Dabei werden bezüglich der Prozessleistungsparameter Zeit, Kosten und Qualität die folgenden Defizite festgestellt:

- Die Prozessvisualisierung zeigt deutlich, dass bei der Auftragsbearbeitung mehrere Funktionsbereiche beteiligt sind. Einerseits liegt ein organisatorisches Problem vor, denn die Funktionsbereiche verfügen nicht über ausreichende Kompetenzen, um die Aufgabe selbstständig zu erfüllen. Sie müssen weitere Funktionsbereiche einschalten.[154] Andererseits hat dies auch informationstechnische Gründe. Würden die notwendigen Informationen bereichsübergreifend zur Verfügung stehen, könnte ein Funktionsbereich die Aufgabe erledigen.[155] Eine ganzheitliche Aufgabenbetrachtung in Verbindung mit ungehindertem Informationszugriff ist daher anzustreben.

- Verzögernde Schleifen in der Auftragsabwicklung sorgen für erhöhte Durchlaufzeiten und Prozesskosten

- Redundante Daten (Datenbank, Bilddatenbank und Arbeitspapierarchiv) führen neben dem erhöhten Pflegeaufwand zu Inkonsistenzen und Informationsverlust.

- Medienbrüche durch das Nebeneinander von papier- und rechnergestützter Verarbeitung[156] führen zu Fehlinterpretationen und Fehlern in der Weiterverarbeitung.

- Unnötige Komplexität durch mangelnde Transparenz der Arbeitsabläufe und undurchsichtige Eingabemasken der Datenbank. Aufgaben sind nur mit spezifischem Wissen der entsprechenden Mitarbeiter zu bewältigen. Dies erhöht den Leistungsdruck auf die beteiligten Mitarbeiter, da ihr Ausfallen (z. B. durch Krankheit) zu kritischen Durchlaufzeitverlängerungen führt. Auch gerät das Unternehmen in Abhängigkeit einzelner Mitarbeiter.

---

[153] Vgl. Abschnitt 3.3.
[154] Dies ist unter anderem auf die Vergabe von Benutzerrechten auf der Datenbank zurückzuführen. So hat jeder Bereich Zugriff auf bestimmte Module der Software.
[155] Beispielsweise hat ausschließlich die Betriebsleitung eine Übersicht über den aktuellen Auslastungsstand der F&M. Eine unternehmensweite Übersicht existiert nicht.
[156] Bereits elektronisch abgelegte Arbeitspapier werden aus Archiven gesucht, manuell um die auftragsspezifischen Daten erweitert, in die Datenbank eingegeben und anschließend wieder ausgedruckt.

- Mangelnde bedarfsgerechte Bereitstellung von Informationen auf den Stücklisten führt zu Fehlinterpretationen[157], zusätzlichen Bearbeitungszeiten und -kosten, Flexibilitätsverlusten sowie erhöhten Leerzeiten in der F&M.

- Unnötige Schnittstellen sorgen für Abstimmungsprobleme, Fehlinterpretationen, hohe Bearbeitungs- und Liegezeiten sowie Kostenexpansion.

- Hoher Anteil an Routineaufgaben wird durch erfahrene und kostspielige Arbeitsvorbereiter übernommen. Neben schwindender Motivation der Mitarbeiter und damit steigender Fehlerraten, schöpft das Unternehmen bestehendes Potential, welche bspw. kostensparende Fertigungsmethoden entwickeln könnten, nur unzureichend aus.

- Hilfsmittel wie bspw. Barcode-Scanner werden nicht genutzt.

- Geringer Anteil gezielter *Nutzprozesse*[158] im Vergleich zu einer Vielzahl ungünstiger *Stütz-*[159], *Blind-*[160] und *Fehlprozesse*[161] innerhalb des Prozesses der Auftragsbearbeitung.

---

[157] Jeder Funktionsbereich (AV, Einkauf, Disposition) erhält eine Stückliste mit sämtlichen Information, welche für die anderen Bereiche bestimmt sind. Durch fehlende Aufschlüsselung können wichtige Informationen übersehen werden.

[158] *Nutzprozesse* sind bspw. die Bearbeitung, Montage etc. Es handelt sich um geplante Prozesse, die in ihrer Summe das fertige Produkt zum Ergebnis haben. Den durch sie in Anspruch genommenen Ressourcen steht eine Steigerung des Kundennutzens gegenüber. Der externe Kunde wird ausschließlich diese Prozesse erkennen und entsprechend honorieren. Vgl. Winz / Quint (1997), S. 93.

[159] *Stützprozesse* sind bspw. der Transport zwischen zwei Bearbeitungsstationen. Sie unterstützen die Nutzprozesse und erbringen nur den internen, für die Weiterverarbeitung des Auftrags zuständigen Kunden, einen Nutzen. Da der externe Kunde den Nutzen dieser Prozesse nicht wahrnimmt, steigern sie nicht den externen Kundennutzen und sind somit auf das notwendige Minimum zu reduzieren. Vgl. Winz / Quint (1997), S. 94.

[160] *Blindprozesse* sind bspw. Rückfragen aufgrund mangelnder Information oder Suchtätigkeit. Sie sind ungeplante Prozesse, die durch vorangegangene, nicht ausreichend fähige Nutz- und Stützprozesse verursacht werden. Blindprozesse nehmen Ressourcen in Anspruch, führen zu einem Kostenanstieg, erbringen aber keinen Kundennutzen. Sie sind daher unbedingt zu vermeiden. Vgl. Winz / Quint (1997), S. 94.

[161] *Fehlprozesse* sind bspw. produzierter Ausschuss oder fehlerhafte Kommissionierung. Sie sind ungeplant und führen dazu, dass getroffene Mengen- und Terminvereinbarungen nicht eingehalten werden oder dass Nutzprozesse wiederholt werden. Fehlprozesse reduzieren den Kundennutzen, obwohl Ressourcen zur Leistungserstellung verbraucht werden. Sie sind daher unbedingt zu vermeiden. Vgl. Winz / Quint (1997), S. 95

4.6. ZUSAMMENFASSUNG

Die zentrale Aufgabe dieses Kapitels besteht darin, die zu optimierenden Prozesse innerhalb der Funktionsbereiche der Konstruktion, Arbeitsvorbereitung, Sachbearbeitung, Disposition und Einkauf zu visualisieren. Dadurch wird eine größere Transparenz in die betrieblichen Abläufe gebracht.

Während der Schwerpunkt der Prozessvisualisierung in der Erzielung einer Strukturtransparenz liegt, besteht die Aufgabe der Prozessanalyse in der Bestimmung der Leistungsparameter hinsichtlich Prozesszeiten, -kosten und -qualität. Erst die simultane Berücksichtigung dieser drei Parameter erlaubt die ganzheitliche Bewertung der Prozesse. Angesichts dessen, ergibt sich aus der Prozessanalyse, dass sämtliche Prozesse der Bearbeitung „bereits vorhandenen Arbeitspapiere" als potentialträchtige Kosten- und Zeittreiber erachtet werden. Daher werden diese Prozesse im Verlauf der vorliegenden Arbeit gezielt behandelt.

Auf Grundlage der Prozessvisualisierung und der Ergebnisse der Prozessanalyse lassen sich nunmehr die Schwachstellen der Prozesse identifizieren. Die als kritisch identifizierten Schwachstellen, die es im Folgenden zu eliminieren gilt, sind dabei die Vielzahl an Schnittstellen, die unnötige Komplexität durch mangelnde Transparenz, der hohe Anteil an Routineaufgaben, die redundante Datenhaltung sowie häufige Medienbrüche.

5. MODELLIERUNG DER SOLL-PROZESSE

Nachdem anhand der Prozessvisualisierung eine Modellierungsbasis erarbeitet wurde, folgt die Betrachtung der zu modellierenden Prozesse.

Ziel dieses Abschnitts ist eine Beschreibung der Schnittstellen, die Bestimmung der zu wahrenden, wertschöpfenden Merkmale sowie die Eliminierung identifizierter Schwachstellen. Darauf aufbauend wird der Soll-Prozess gestaltet.

5.1. BETRACHTUNG DER ZU MODELLIERENDEN PROZESSE

Ausgangspunkt der Modellierung eines Soll-Prozesses sind die zuvor visualisierten Prozesse, welche sie und ihre Verknüpfungen im Gesamtbild zeigen. Nun können in einer nächsten Phase die Soll-Prozesse modelliert werden. Dazu stehen dem Unternehmen im Allgemeinen zwei Möglichkeiten offen.

Einerseits können Branchenreferenzmodelle ausgesucht werden, die zu den Arbeitsabläufen des Unternehmens passen und als Grundlage für die Soll-Prozesse dienen. Anschließend wird das Branchenreferenzmodell an die unternehmensspezifischen Gegebenheiten angepasst. Dieses Vorgehen wird auch als *Modell-Customizing*[162] bezeichnet.

Liegt jedoch, wie im vorliegenden Fall, eine sehr spezifische Problemstellung vor, bei der nur ein Abschnitt des gesamten Geschäftsprozesses betrachtet wird sowie zahlreiche ablaufspezifische Merkmale zu berücksichtigen sind, eignen sich Branchenreferenzmodelle nur bedingt. Entweder sind sie nicht oder nur unter sehr hohem Anpassungsaufwand anwendbar.[163] Daher müssen die angestrebten Soll-Prozesse eigens konzipiert werden. Ausgangspunkt dabei sind die aus der Analyse des Ist-Zustands gewonnenen Erkenntnisse, welche in den folgenden drei Schritten aufbereitet werden.

Beim ersten Schritt zur Gestaltung des zu optimierenden Prozesses sind die Schnittstellen zu betrachten, welche den Prozess mit den benachbarten Prozessen verbinden.

In einem zweiten Schritt werden anhand der Prozessvisualisierung sowie Interviews mit den beteiligten Mitarbeitern die wertschöpfenden Merkmale aufgestellt, die auch in der Konzeption des Soll-Prozesses einzubeziehen sind. Dabei handelt es sich im vorliegenden Fall insbesondere um die Merkmale Flexibilität, Eingriffs- und Kontrollmöglichkeiten.

Schließlich sind in einem dritten Schritt die identifizierten Schwachstellen im Soll-Konzept zu eliminieren. Wie auch während des Schrittes zuvor, ist dabei zu beachten, dass die Optimierung eines Leistungsparameters Einfluss auf die übrigen ausübt.

---

[162] Vgl. Wolf / Stammen (2001), S. 55-56.

Diesbezüglich ist immer das Zusammenspiel sämtlicher Leistungsparameter zu berücksichtigen, bevor ein Verbesserungsvorschlag in das Soll-Konzept eingearbeitet wird.

Im Folgenden werden nun die geschilderten Schritte auf die Unternehmenssituation angewandt.

5.1.1. Schnittstellen

Im Fall der Auftragsbearbeitung innerhalb der AV und SB liegen drei Schnittstellen vor (vgl. Abbildung 13). Einerseits ist dies die vorgelagerte Schnittstelle zu den verfügbaren Stücklisten[164] und andererseits die nachgelagerte Schnittstelle zur Datenbank sowie zur F&M. Zwischen den Schnittstellen werden dabei die aus Abbildung 13 ersichtlichen Informationen übertragen.

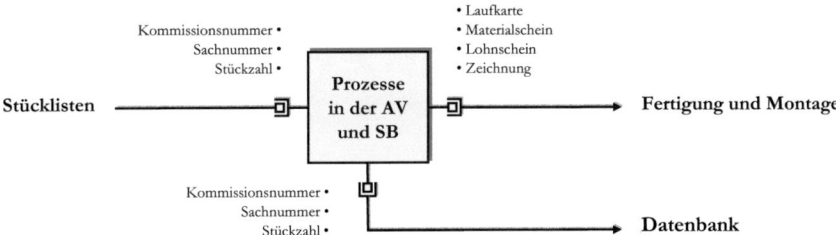

Abbildung 13: *Schnittstellen der Blackbox AV und SB*

Diese Informationen sind auch nach der Implementierung des Soll-Konzepts von den Schnittstellen in gleicher Form zu übertragen. So dürfen sämtliche Änderungen der Prozesse innerhalb der *Blackbox* keinen Einfluss auf die außerhalb liegende Systemwelt ausüben. Ist dies erwünscht, gilt es die Systemgrenzen um die *Blackbox* zu vergrößern.[165]

5.1.2. Wertschöpfende Merkmale

In Anbetracht der Leistungsparameter Prozesskosten, -zeit und -qualität, sind die wertschöpfenden Merkmale des Ist-Zustands abzuleiten, an denen der bisherige Ablauf sich komplementär zu den verfolgten Gestaltungszielen verhält. Herausstehende Merkmale gilt es in der Soll-Konzeption zu fördern, ohne dabei die übrigen Leistungsparameter negativ zu beeinflussen.

---

[163] Zahlreiche Fachgespräche mit Experten und eine intensive Literaturrecherche lieferten keine passenden Branchenreferenzmodelle. Daher wurde ein eigenes Soll-Konzept entwickelt.
[164] Stücklisten können aus der Konstruktion, aus der Datenbank oder dem angelegten Ordner bereits bekannter Stücklisten stammen. Vgl. Abschnitt 4.3.4.
[165] Gleiches gilt nun für die Schnittstellen zwischen der vergrößerten *Blackbox* und dem außerhalb liegenden System.

Interviews mit den beteiligten Mitarbeitern und die Analyse des Ist-Zustandes in den Bereichen der AV und SB ergaben die im Folgenden aufgeführten wertschöpfenden Merkmale:

Die **Flexibilität** ist im Unternehmen das herausstehende wertschöpfende Merkmal. Es herrscht kein stringenter Arbeitsablauf, weswegen die Mitarbeiter die Arbeitsabläufe situationsbedingt anpassen können. Um nur einige Beispiele zu nennen, kann die AV, wenn notwendig, jederzeit mit der Bearbeitung nahezu fertig konstruierter Baugruppen beginnen sowie Stücklistenpositionen bündeln und damit Rüstkosten einsparen[166] oder ausgewählte Arbeitspapiere vorab bearbeiten, um die F&M gezielt auszulasten.

Zusätzlich haben die Mitarbeiter jederzeit **Eingriffsmöglichkeiten** in den Arbeitsablauf. So steht es ihnen frei, Stücklistenpositionen unabhängig von ihrer Reihenfolge zu bearbeiten, wichtige Aufträge zu priorisieren etc.

Während der Bearbeitung von Stücklisten besitzt der Arbeitsvorbereiter schließlich **Kontrollmöglichkeiten**. So kann er bei der Bearbeitung der Stücklisten jede Position überprüfen, beispielsweise bei der Auswahl der geeigneten Materialien, der Arbeitsfolge in der F&M, der Entscheidung über die Fertigung oder kostengünstigere Bestellung einer Position etc.

5.1.3. Schwachstellen

In einem letzten Schritt ist der Ist-Zustand um die identifizierten Schwachstellen zu bereinigen. Zu Beginn wird sich hierbei auf die als kritisch erachteten Schwachstellen konzentriert, danach erst wird sich den restlichen Schwachstellen zugewandt. Dabei ist zu beachten, dass die Eliminierung von Schwachstellen und eine hiermit einhergehende Steigerung eines oder mehrerer Leistungsparameter zu einer Verschlechterung der übrigen Leistungsparameter führen kann. Unter diesem Gesichtspunkt ist jede potentielle Verbesserung vorab kritisch abzuwägen.

Im vorliegenden Fall sind die als kritisch identifizierten Schwachstellen, die es im Rahmen der Soll-Konzeption zu eliminieren gilt, die Vielzahl an Schnittstellen, die unnötige Komplexität durch mangelnde Transparenz, der hohe Anteil an Routineaufgaben, die redundante Datenhaltung sowie häufige Medienbrüche.

Nach der konzeptionellen Beseitigung der wesentlichen Schwachstellen kann auf Basis der nun optimierten Randbedingungen ein Soll-Konzept erarbeitet werden. Hierbei erweist sich die durch die Prozessvisualisierung erreichte Transparenz der Abläufe ebenfalls als hilfreich.

---

[166] Wenn zwei baugleiche Teile verschiedene Sachnummern haben, bspw. wenn spiegelverkehrte Anbringungen vorgesehen sind, stellt der Arbeitsvorbereiter statt zwei nur ein Arbeitspapier mit der summierten Anzahl an zu fertigenden Teilen aus.

5.2. Design der Soll-Prozesse

„Durchgängig gestaltete [...] Systeme bilden den Schlüssel zum Unternehmenserfolg." [167]

Im Anschluss an die Aufbereitung der Erkenntnisse aus dem Ist-Zustand, d. h. der wesentlichen Schnittstellen, der wertschöpfenden Merkmale sowie der identifizierten Schwachstellen, kann jetzt der idealtypische Soll-Prozess gestaltet werden.

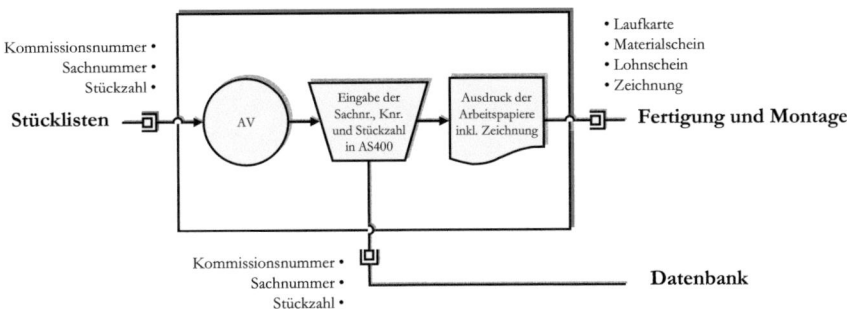

Abbildung 14: *Soll-Prozess der Arbeitspapiererstellung*

Gemäß dem ersten Schritt zur Gestaltung[168] des zu optimierenden Prozesses werden die Schnittstellen betracht (vgl. Abschnitt 5.1.1). Dabei erkennt man in Abbildung 14, dass die heute schon existierenden Schnittstellen und die übertragenen Informationen im Design der Soll-Prozesse beibehalten werden,[169] d. h. auch zukünftig werden die gleichen Informationen zwischen ihnen ausgetauscht. Dabei wird die außerhalb der Systemgrenzen liegende Systemwelt von den konzipierten Soll-Prozessen nicht betroffen.

Auf Basis einer Vielzahl von Interviews mit beteiligten Mitarbeitern sowie den Erkenntnissen, die der Autor der vorliegenden Arbeit während der Mitarbeit in den verschiedenen Abteilungen erlangte, werden im zweiten Gestaltungsschritt des Soll-Konzepts die wertschöpfenden Merkmale des Ist-Zustands (vgl. Abschnitt 5.1.2) eingebunden. Es werden bewusst zu hohe Automatismen vermieden, so dass der Arbeitsvorbereiter weiterhin die Möglichkeit hat, jederzeit die Geschehnisse flexibel zu steuern, einzugreifen und zu kontrollieren.[170]

Schließlich werden in einem dritten Schritt die identifizierten Schwachstellen (vgl. Abschnitt 5.1.3) im Soll-Konzept eliminiert. So verdeutlicht Abbildung 14, dass sämtliche

---

[167] FhG-IML (2002c), o. S.
[168] Engl. Design.
[169] Vgl. Abbildung 13.
[170] Denkbar ist der Einsatz einer automatischen Stücklistenauflösung, welche zu einem bestimmten Zeitpunkt sämtliche Arbeitspapiere erstellt, Bestellungen auslöst, Lagerteile disponiert, Maschinenbelegungspläne erstellt etc. Problematisch hierbei ist, dass das Unternehmen die über Jahre gewachsenen wertschöpfende Merkmale aufgeben müsste. Dies ist sicher ein Hauptgrund für das bereits vor Jahren gescheiterte Bemühen der damaligen Muttergesellschaft, ein solches System einzuführen.

Prozesse zur Bearbeitung der Arbeitspapiere zukünftig von einem Funktionsbereich ausgeführt werden. Dies reduziert die Anzahl der beteiligten Mitarbeiter sowie der Schnittstellen und steigert damit die Transparenz der Arbeitsabläufe. Zugleich wird das über Jahre angelegte Arbeitspapierarchiv aufgelöst und fortan nur noch mit den bereits existierenden Datenbanken (Datenbank und AdiCAD) gearbeitet, um so unnötigen Aufwand einer redundanten Datenhaltung zu vermeiden. Schließlich wird der Großteil der bisher von den Mitarbeitern getätigten Routineaufgaben durch effizientere Arbeitsgestaltung abgelöst.[171]

5.3. ZUSAMMENFASSUNG

Im Anschluss an die Phase der Prozessvisualisierung und Schwachstellenidentifizierung, ist es Ziel dieses Kapitels, die Soll-Prozesse zu gestalten. Dabei stehen dem Unternehmen im Allgemeinen zwei Möglichkeiten zur Verfügung.

Einerseits kann man sich von den bisherigen Prozessen lösen und statt dessen neue Prozesse implementieren. In diesem Fall ist über den Einsatz bereits praxiserprobter, professioneller Branchenreferenzmodelle nachzudenken. Obschon diese spezifische Lösung gegebenenfalls erhältlich ist, sind neben Kostenaspekten auch die Kompatibilität mit der im Unternehmen herrschende Systemlandschaft zu überprüfen. Weiterhin sind die realisierbaren Zeit- und Kostenersparnisse mit den Risiken neuer Systeme[172], dem Verlust der über Jahre gewachsenen Mitarbeitererfahrung etc. gegeneinander abzuwägen.[173]

Entscheidet man sich hingegen, wie im vorliegenden Fall vom Autor der vorliegenden Arbeit empfohlen, für die Verbesserung der bestehenden Prozesse, so sind die aus der Analyse des Ist-Zustands gewonnenen Erkenntnisse schrittweise aufzubereiten. Dabei werden zu Beginn die Schnittstellen und die darüber übermittelten Informationen betrachtet, bevor die wertschöpfenden Merkmale der vorherrschenden Prozesse identifiziert werden und schließlich eine Eliminierung der Schwachstellen erfolgt.

Im Anschluss an die Aufbereitung der Erkenntnisse wird der idealtypische Soll-Prozess gestaltet.

---

[171] Vgl. ausführlicher Abschnitt 6.3, wo ein konkreter Vorschlag zu Realisierung des konzipierten Soll-Prozesses präsentiert wird.
[172] So können durch das neue System ungeahnte Fehler und Wartungskosten entstehen, der Erfüllungsgrad nicht den Erwartungen entsprechen, die Mitarbeiter den Einsatz boykottieren etc.
[173] Ähnlich dem BPR, vgl. Abschnitt 2.2.1.

6. VORSTELLUNG DER VERBESSERUNGSMAßNAHMEN

Die Wettbewerbsfähigkeit sowie Rentabilität industrieller Unternehmen, insbesondere im Bereich der Investitionsgüter, wird in entscheidendem Maß durch die gezielte Anwendung rationaler Produktionstechniken zur wirtschaftlichen Herstellung von Produkten bestimmt. Vor allem die zunehmende Belastung der Unternehmen durch gesteigerte Personal, Material- und Energiekosten macht es erforderlich, einerseits das in den Bereichen Konstruktion, AV, F&M vorhandene technische und organisatorische Potential zu nutzen und andererseits die Produktqualität zu verbessern.

Voraussetzung hierfür ist, dass in Konstruktion und AV moderne Methoden und Hilfsmittel eingesetzt werden, um eine bedarfsgerechte Produktgestaltung bzw. einen zeit- und kostenoptimalen Produktionsablauf zu erzielen.

Dies berücksichtigend, werden im Folgenden drei Verbesserungsmaßnahmen zur Realisierung von Prozessverbesserungspotentialen im Unternehmen präsentiert. Als Basis hierfür dient die Identifizierung der jeweiligen Schwachstelle anhand derer Verbesserungsvorschläge erörtert werden. Abschließend werden Umsetzungsmöglichkeiten dargestellt, wobei erste Aufwandsannahmen geliefert werden.

Die ersten zwei Verbesserungsmaßnahmen zeigen kostengünstige und umgehend implementierbare Lösungsansätze für einen Teil der im Unternehmen identifizierten Schwachstellen aus Abschnitt 4.5. Diese Verbesserungsmaßnahmen bereits berücksichtigend, geht die dritte Verbesserungsmaßnahme auf den im vorherigen Kapitel konzipierten Soll-Prozess ein.

6.1. EINSATZ VON BARCODE-SCANNERN

Um die Eingabe der Informationen zu beschleunigen und Falscheingaben zu reduzieren, werden Datenträger eingesetzt, deren Informationen über Lesegeräte erfasst werden können. Durchgesetzt hat sich hier der Barcode, der preiswert auf Papier angebracht werden kann, z. B. auf den Fertigungspapieren oder als Aufkleber. Die Scanner für den Barcode können an BDE-Terminals[174] oder PCs angeschlossen werden.[175]

Identifizierte Schwachstelle:

Nachdem die Auftragspapiere in der F&M bearbeitet wurden, erhält die SB die Lohn- und Materialscheine aus der F&M zurück. Die auf den Lohnscheinen angegebenen Bearbeitungszeiten sind nun von der SB auf den Zeitkonten der jeweiligen Mitarbeiter zu

---

[174] Abk. für Betriebsdatenerfassungs-Terminals.

verbuchen.[176] Weiterhin werden die Materialscheine ausgebucht, um elektronisch die Lagerbestandsminderung zu erfassen.

In diesem Zusammenhang wurde eine Schwachstelle identifiziert: *Obwohl bereits Barcodes auf den Lohn- und Materialscheinen angebracht sind, werden die sechsstelligen Buchungsnummern bisher manuell in das System eingeben.*

Festzustellen ist, dass im Unternehmen zwar Barcode-Scanner vorhanden sind, allerdings nicht eingesetzt werden. Grund hierfür sind die bereits technisch veralteten Geräte, welche länger für die elektronische Datenerfassung benötigen als die manuelle Eingabe durch eine versierte Schreibkraft.

Lösungsvorschlag:

Um die Eingabegeschwindigkeit der Informationen zu beschleunigen und die Fehlerrate zu senken, sind elektronische Datenerfassungssysteme einzusetzen, d. h. *die Sachbearbeitung erhält Barcode Scanner, welche dem heutigen Stand der Technik entsprechen.*

Der Einsatz von elektronischen Datenerfassungssystemen erweist sich insbesondere dann vorteilhaft, wenn versierte Mitarbeiter ausfallen[177] und ungeübte Mitarbeiter die Bearbeitung der Lohn- und Materialscheine übernehmen müssen[178].

Umsetzungsmöglichkeit:

Heute bieten zahlreiche Unternehmen Barcode-Scanner in den unterschiedlichsten Formen an. Allgemein lassen sie sich in Laserpistolen und Lesestifte unterscheiden, wobei Vor- und Nachteile im Auge des Betrachters liegen. Auch lassen sie sich anhand der Datenübertragung in den PC unterscheiden, wobei die deutlich teurere Variante die Daten per Funk überträgt gegenüber der billigeren Kabel-Variante.

Eine umständliche Installation entfällt bei allen Geräten. Die Scanner sind einfach per Tastaturweiche an den PC anzuschließen, d. h. der Funkempfänger bzw. das Kabel wird zwischen Tastatur und PC gesteckt.

Für die Realisierung der Verbesserungsmaßnahme kann zwischen € 85 und € 149 pro Barcode Scanner veranschlagt werden, wobei voraussichtlich ein Gerät benötigt wird.[179]

---

[175] Vgl. Loos (1999), S. 227-252.
[176] Diese Daten werden für die Nachkalkulation sowie für das Prämiensystem benötigt.
[177] Z. B. Krankheit, Urlaub, Ausscheiden aus der Berufswelt etc.
[178] Heute benötigen sie deutlich mehr Zeit für die Datenerfassung und machen dabei mehr Eingabefehler.
[179] Preiswerte, funktionsgerechte Geräte sind der Barcode-Lesestift für € 85 und der Handscanner für € 145 von ICO – Innovativ Computer. Umfangreichere Funktionen, wie bspw. das Lesen auch in totalem Sonnenlicht oder von gekrümmten Flächen, bieten die Geräte von DATALOGIC für € 149 oder von HHP für € 299

6.2. Drei separate Stücklisten

Die Stückliste enthält nach REFA die Mengen aller Baugruppen, Teile und Rohstoffe, die für die Fertigung und Montage einer Einheit eines Erzeugnisses oder einer Baugruppe erforderlich sind. Des Weiteren dient sie als Grundlage für die Arbeitsplanerstellung und die Teile- bzw. Rohstoffbedarfsermittlung.[180]

Identifizierte Schwachstelle:

Die Grundlage für die Auftragsbearbeitung im Unternehmen stellt die Stückliste dar, die im Zusammenhang mit der Zeichnung erstellt wird. Sie gibt Auskunft über alle in der Zeichnung dargestellten Gegenstände.

Nach der Stücklistenerstellung druckt der Konstrukteur mehrere identische Exemplare aus und reicht diese unter anderem an die AV, den Einkauf und die Disposition weiter. In den jeweiligen Funktionsbereichen werden die Stücklisten nach bereichsrelevanten Informationen durchforstet[181] und bearbeitet.

Hier wurde eine weitere Schwachstelle identifiziert: *Jeder Funktionsbereich erhält eine komplette Stückliste mit allen erforderlichen Informationen zur Fertigung und Montage einer Erzeugniseinheit.*

Festzustellen ist, dass die verschiedenen Funktionsbereiche nur einen Bruchteil der bereitgestellten Informationen für die Bearbeitung ihrer bereichsspezifischen Aufgabe benötigen. Jedes Mehr an Information sorgt für längere Bearbeitungszeiten aufgrund der Notwendigkeit einer Durchforstung der Stückliste. Auch verleitet es zu Fehlern, falls zu bearbeitende Stücklistenpositionen übersehen und folglich nicht bearbeitet werden.

Das Resultat des unnötigen Mehraufwands und der verursachten Fehler sind frustrierte Mitarbeiter und höhere Prozesskosten.

Lösungsvorschlag:

Um die Effizienz der Stücklistenbearbeitung zu steigern, sind jedem Funktionsbereich und beteiligten Mitarbeiter nur die Informationen bereitzustellen, die zur Bearbeitung der bereichsspezifischen Aufgabe benötigt werden, d. h. *jeder Funktionsbereich erhält eine informationsoptimale Stückliste.*

Neben der Eliminierung der bereits aufgeführten Schwachstellen, erleichtern gesonderte Stücklisten ebenfalls die Einarbeitung neuer Mitarbeiter. Auch ohne Erfahrungen mit dem Auffinden von bereichsspezifischen Informationen, können sie sofort mit der Bearbeitung der Stückliste beginnen.

---

[180] Vgl. Eversheim (1989), S. 26-30.
[181] Aufgrund fehlender Kennzeichnung in der Stückliste ist nicht direkt offensichtlich, welche Stücklistenposition von wem zu bearbeiten ist. Hierbei kommt vor allem die Erfahrung der beteiligten Mitarbeiter zum Tragen.

Umsetzungsmöglichkeit:

Der Grundstein für einen Ausdruck informationsoptimaler Stücklisten wurde bereits bei der Konzeption der Datenbank auf der Datenbank gelegt. So wurde damals ein Schlüssel festgelegt, nach dem sich jedes von der Konstruktion angelegte Teil in Fertigungs-, Einkaufs- oder Lagerteil klassifizieren lässt.

Prinzipiell sind zwei Möglichkeiten des Ausdrucks separater Stücklisten denkbar.

Erstens kann die Applikation auf der Datenbank erweitert werden. Nach Absprache mit dem IT Leiter erfordert dies jedoch umfangreichere Programmierleistungen. Deswegen wird hiervon eher abgeraten.

Die zweite Variante sieht die Schaffung einer Schnittstelle zwischen der Datenbank und einer Tabellenkalkulation[182] vor. So kann ein verantwortlicher Mitarbeiter die Stücklistendaten in die Tabellenkalkulation importieren, dort nach den Schlüsseln (Fertigungs-, Einkaufs- oder Lagerteil) automatisch sortieren lassen und anschließend drei gesonderte Stücklisten ausdrucken.

Nach Auskunft des IT Leiters kann für die Realisierung der Verbesserungsmaßnahme ein Aufwand von ein bis zwei Manntagen veranschlagt werden. Zusätzliche Kosten für das Tabellenkalkulationsprogramm von Microsoft Excel entstehen nicht, da bereits zahlreiche Lizenzen erworben und installiert wurden.

6.3. Computergestützte Bearbeitung der Arbeitspapiere

Das wichtigste Dokument für die F&M ist neben der Zeichnung der Arbeitsplan, der sowohl die Strukturierung der Herstellungsaufgabe für die Arbeitsverteilung und -steuerung als auch die Festlegung der Ausführungszeiten je Einheit für die Termin- und Kapazitätsplanung sowie für die Entlohnung bei Prämienlohnsystemen kennzeichnet.[183]

Identifizierte Schwachstelle:

Da bereits ausführlich auf die zu eliminierenden Schwachstellen bei der Bearbeitung „bereits vorhandener Arbeitspapiere" eingegangen wurde,[184] wird der Vollständigkeit halber hier nur ein kurzes Resümee gezogen: *Bei der Bearbeitung „bereits vorhandener Arbeitspapiere" liegen neben einer Vielzahl an Schnittstellen und Medienbrüchen auch redundante Datenhaltung vor. Des Weiteren führt die Komplexität der Aufgabenbewältigung zu mangelnder Transparenz. Schließlich sorgt der hohe Anteil an Routineaufgaben für lange Durchlaufzeiten, hohe Prozesskosten und Frustration bei den Mitarbeitern.*

---

[182] Z. B. Microsoft Excel.
[183] Vgl. Eversheim (1989), S. 11-14.
[184] Vgl. Abschnitt 5.1.3.

Gespräche mit den beteiligten Mitarbeitern ergaben, dass sie ein großes Interesse an der Auflösung der Routineaufgaben und einer Vereinfachung der Prozessabläufe haben. So ist man sich im Unternehmen bewusst, dass diese Prozesse im Falle einer guten Auftragslage zu hoher Belastung und voraussichtlichen Überstunden der Mitarbeiter führen werden. Außerdem sorgt der hohe Anteil an Routineaufgaben für Frustration der beteiligten Mitarbeiter. Einerseits begründet durch die Art der Arbeit und andererseits durch die Vernachlässigung der außerdem täglich anfallenden Arbeiten, welche zu einem späteren Zeitpunkt nachgeholt werden müssen.

Lösungsvorschlag:

Um die identifizierten Schwachstellen zu eliminieren, wurde basierend auf den in Abschnitt 5.2 konzipierten Soll-Prozessen der in Abbildung 15 dargestellte Lösungsvorschlag entwickelt, d. h. *das im Unternehmen gepflegte EDV-System hat die Bearbeitung der Arbeitspapiere effizient zu unterstützen, insbesondere im Rahmen der Bewältigung von Routineaufgaben.*

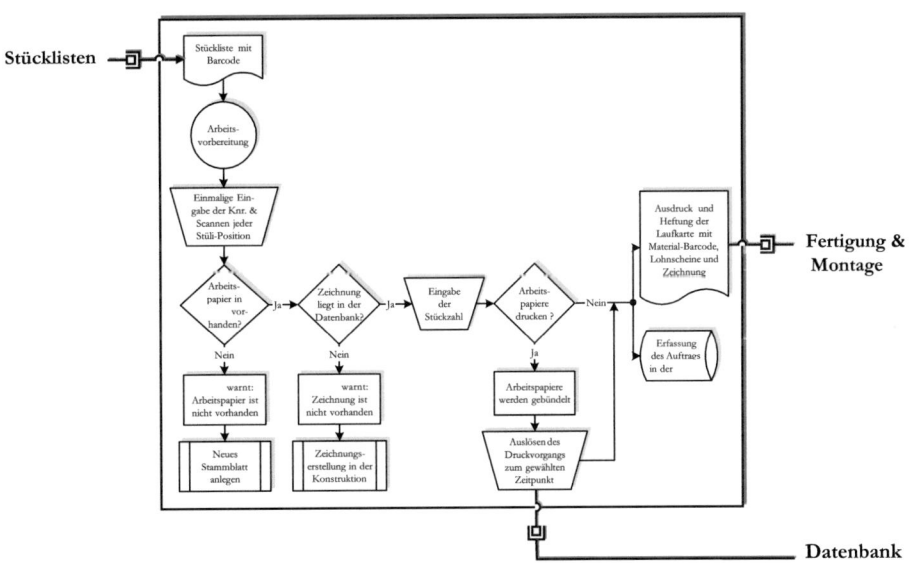

Abbildung 15: *Lösungsvorschlag zur computergestützten Bearbeitung der Arbeitspapiere*

Wie in Abbildung 15 ersichtlich, erhält die AV nun eine um einen Barcode ergänzte Stückliste. Der Barcode repräsentiert die Sachnummer der Stücklistenposition und befindet sich am rechten Rand der Stückliste neben der Teilebezeichnung.

Um den Auftrag zu bearbeiten, ruft die AV eine Applikation[185] auf und gibt zu Beginn einmalig die auftragsspezifische Kommissionsnummer (Knr.) in das EDV-System ein. Jetzt kann die AV mittels eines Barcode-Scanners jede einzelne Position erfassen und das EDV-System überprüft automatisch, ob die benötigten Arbeitspapiere bereits vorhanden sind.

Ist dies nicht der Fall, warnt das EDV-System und die AV muss die Arbeitspapiere analog dem heutigen Vorgehen erstellen. Des Weiteren überprüft das EDV-System, ob eine den Arbeitspapieren zugehörige Zeichnung in der Bilddatenbank abgelegt ist. Auch hier warnt das EDV-System im Falle einer Nichtexistenz, und die Konstruktion hat die Zeichnung zu erstellen.

Sind beide Datensätze vorhanden, ergänzt die AV die erfassten Daten um die geforderte Stückzahl. Im Anschluss daran steht der AV die Option offen, ob sie das Arbeitspapier direkt erstellen will oder erst zu einem späteren Zeitpunkt. Dies hat den Vorteil, dass eventuell mehrfach zu fertigende Teile bei einem finalen Ausdruck automatisch vom EDV-System gebündelt und dadurch Rüstkosteneffekte erzielt werden können. Gibt die AV die erfassten Daten frei, wird hierdurch erstens der Auftrag in der Datenbank angelegt und zweitens die Datensätze an den Drucker geschickt.

Anzumerken ist, dass abweichend von der bisherigen Verfahrensweise auf der Laufkarte ein Barcode für das Material angebracht ist[186] und damit auf einen gesonderten Ausdruck des Materialscheins verzichtet wird.

Die Arbeitspapiere gelangen nun Seite für Seite an den Drucker[187], d. h. auf der ersten Seite befindet sich die Laufkarte, auf den nächsten Seiten je einen Lohnschein und auf der letzten Seite die Zeichnung. Nach dem Druck heftet der Drucker die Arbeitspapiere automatisch zweimal am oberen Rand (links und rechts), bevor die Arbeitspapiere schließlich an die F&M gegeben werden.

Die F&M merkt insoweit etwas von den veränderten Prozessen innerhalb der AV, dass sich die äußere Form der Arbeitspapiere geringfügig verändert hat. So erhält sie die Papiere nicht mehr in Klarsichthüllen[188], sondern in gehefteter Form. Auch müssen die Arbeiter die Lohnscheine eigenständig aus den Arbeitspapieren lösen (abreißen). Diese Arbeit wurde ihnen zuvor von der SB abgenommen.

---

[185] Die verschiedenen Varianten der Applikation, d. h. plattformunabhängige Software (Variante 1) oder Anpassung vorhandener Module auf der Datenbank (Variante 2), werden im Abschnitt der Umsetzungsmöglichkeiten ausführlicher behandelt.
[186] Bedenkt man, dass sich heute schon die Materialbezeichnung, Abmessungen und Materialkosten auf der Laufkarte befinden, kann auf einen gesonderten Ausdruck des Materialscheins verzichtet werden. Die Laufkarte dient dabei auch dem Ausbuchen des Materials aus dem System.
[187] Z. B. an einen HP LaserJet 4200 mit einer optionalen Hefteinheit.
[188] Zu bemerken ist, dass die Klarsichthüllen nur der Aufbewahrung der Papiere gelten. Sonstige Funktionen wie Schmutz- oder Wasserabweisung sind im Unternehmen nicht relevant.

Umsetzungsmöglichkeiten:

Gespräche mit einer Vielzahl von Experten[189] hinsichtlich der Umsetzung des aufgezeigten Lösungsvorschlages ergaben verschiedene Implementierungsansätze, wobei die zentral genannten Varianten im Folgenden näher beschrieben werden.

Die plattformunabhängige **Variante 1** beinhaltet die physische Trennung der zu programmierenden Applikation von der Datenbank. Dabei greift die Applikation einerseits auf die Datenbank zu, um dort die Daten der Arbeitspapiere zu erhalten und andererseits auf die Bilddatenbank für die Zeichnungsdaten. Die eigentliche Applikation läuft jedoch weder auf dem einen noch anderen System, sondern vielmehr auf einem alternativen Betriebsystem wie bspw. Microsoft Windows.

Innerhalb dieser Variante sind weiterhin zwei Ausprägungen zu betrachten.

Die *erste Ausprägung* kann als die simpelste Lösung des Problems bezeichnet werden, da sie aus einer einfachen Abfrage der Daten (Lesezugriff) und einem anschließenden Ausdruck der Arbeitspapiere besteht. Hingegen werden keine Aufträge innerhalb der Datenbank angelegt, da die Daten nicht wieder an die Datenbank zurück geschrieben werden können (kein Schreibzugriff). Analog dem heutigen Vorgehen, sind daher die Daten durch einen Mitarbeiter erneut zu erfassen,[190] was wiederum eine suboptimale Lösung darstellt.

Vorteilhaft an dieser Lösung ist die Möglichkeit des Ausdrucks gehefteter Arbeitspapiere und damit verbundener Zeiteinsparungen innerhalb der AV und SB, mit einem geringen Anpassungsaufwand an der vorhandenen Datenbank. Auch muss sich der Programmierer nicht zu tief in das System und die zugrunde liegende Datenbank einarbeiten und die Datenbankstrukturen nur in einem begrenzten Maße verstehen. Folglich ist diese Ausprägung kostengünstig zu realisieren.

Die *zweite Ausprägung* berücksichtigt zusätzlich das Anlegen der Aufträge innerhalb der Datenbank (Schreibzugriffe). Unter diesen Umständen muss der Programmierer auch die Datenstrukturen tiefer einsehen und verstehen. Des Weiteren sind größere Anpassungen der Datenbank erforderlich. Daher sind auch höhere Kosten für die Umsetzung dieser Lösung anzusetzen.

Im Allgemeinen spricht für Variante 1 die Umsetzbarkeit der Lösung, unabhängig von der Zustimmung des Mutterunternehmens. So bedient sich die erste Ausprägung nur der Daten, wobei Anpassungsmaßnahmen des vorhandenen Systems größtenteils entfallen. Die zweite Ausprägung ist diesbezüglich weniger flexibel. Weiterer Vorteil einer unter Windows implementierten Lösung sind die dadurch automatisch integrierten Funktionen, wie bspw. Datensätze kopieren, verschieben, speichern etc., welche die Datenbank wiederum nicht bietet.

---

[189] Vgl. Abschnitt 7.1.
[190] Die Daten sind bspw. notwendig für die Nachkalkulation, Lohnbuchhalten und Materialbuchen.

Nachteilig sind die durch diese Variante entstehenden zusätzlichen Schnittstellen zu der programmierten Applikation. Außerdem entstehen zusätzliche Kosten für die Neuerstellung von Druck- und Bildschirmmasken, welche bereits in der Datenbank vorliegen. Schließlich müssen die Mitarbeiter in einer neuen Arbeitsumgebung die gewohnten Aufgaben erfüllen, was wiederum erhöhten Schulungsaufwand und Fehleranfälligkeit bedeutet.

Die Anpassung vorhandener Module auf der Datenbank stellt die **Variante 2** dar. Dabei werden die Module insoweit angepasst, dass ausschließlich der Druckauftrag auf einen zwischengeschalteten PC umgeleitet wird.[191] Dieser PC übernimmt die Rolle eines Druckservers.[192] Nachdem er den Auftrag aus der Datenbank erhalten hat, schickt er den ersten Teil der Arbeitspapiere (Laufkarte mit Material-Barcode sowie Lohnscheine) an den Drucker und sucht gleichzeitig nach der passenden Zeichnung innerhalb der Bilddatenbank. Dies wird insoweit unterstützt, da die zuvor durch die AV erfasste Sachnummer mit der Zeichnungsnummer identisch ist.

Nach dem Ausdruck des ersten Teils wird nun in einem zweiten Druckauftrag die Zeichnung innerhalb des Programms ME Plot[193] aufgerufen und ebenfalls ausgedruckt. Schließlich heftet der Drucker beide Teile zusammen.

Vorteil der Variante 2 ist, dass die Aufgaben auf der gewohnten Oberfläche verrichtet werden können. Außerdem kann der Implementierungsaufwand gesenkt werden, da keine zusätzlichen Druck- und Bildschirmmasken zu erstellen sind.

Größtes Hindernis im Rahmen der Umsetzung der Variante 2 ist die benötigte Zustimmung des Mutterunternehmens für die Anpassung des vorherrschenden Systems. Davon abgesehen kann sich das Hinzuziehen von externen Softwareentwicklern als sehr kostspielig erweisen. So müssen die externen Entwickler vorab der eigentlichen Anpassung die komplexen Datenstrukturen zeitintensiv analysieren und dokumentieren, um sie bis ins Detail zu verstehen.

Es bleibt festzuhalten, dass sowohl die Variante 1 als auch Variante 2 einen ersten Schritt in Richtung automatische Stücklistenauflösung darstellen, obwohl die AV weiterhin über Flexibilität, Kontroll- und Eingriffsmöglichkeiten verfügt. Während dieses ersten Schrittes können die einzelnen Funktionsbereiche des Unternehmens bereits erste Erfahrungen mit einer automatischen Erstellung von Arbeitspapieren sammeln, parallel zum Bestreben des Vertriebs und der Konstruktion nach standardisierten Baugruppen.

Sind die ersten standardisierten Baugruppen konstruiert, ist es in einem zweiten Schritt der AV möglich, diese Baugruppen komplett über eine der Baugruppe zugehörigen Sachnummer in Auftrag zu geben und sämtliche benötigten Arbeitspapiere automatisch

---

[191] Der Auftrag wird dabei wie gewohnt auf der Datenbank angelegt und die Daten können zukünftig genutzt werden.
[192] Ein älterer PC, z. B. ein Pentium 90 mit 128 Mb Hauptspeicher, ist hierfür völlig ausreichend.
[193] ME Plot ist eine Drucksoftware der CAD-Anwendung ME10.

erstellen zu lassen. Nichtsdestoweniger besitzt die AV weiterhin Flexibilität sowie sämtliche Kontroll- und Eingriffsmöglichkeiten.

Nach dem erfolgreichen Abschließen der zweiten Etappe, ist der Schritt in Richtung automatische Stücklistenauflösung deutlich kleiner und weniger riskant als zum heutigen Zeitpunkt.

6.4. Auswertung der Zielerreichung

Zu Beginn der Prozessoptimierung wurden im Dialog mit der Geschäftsführung klare Zielvorgaben definiert. So wollte man 20 % – 30 % mehr zu bearbeitende Aufträge bei gleicher Belegschaftszahl erzielen, die Prozesskosten senken sowie den Qualitätsstand wahren.[194]

Vor diesem Hintergrund sowie der qualitativen Darstellung der Prozesszeiten, -kosten und -qualität des Ist-Zustands der AV und SB erfolgt eine qualitative Bewertung der Verbesserungsmaßnahmen.

Wie in Abbildung 16 offensichtlich, führen die drei Verbesserungsmaßnahmen zu einer dreidimensionalen Ausdehnung des Prozessvolumens, gemessen an den Leistungsparametern des Ist-Zustands (vgl. Abbildung 12).

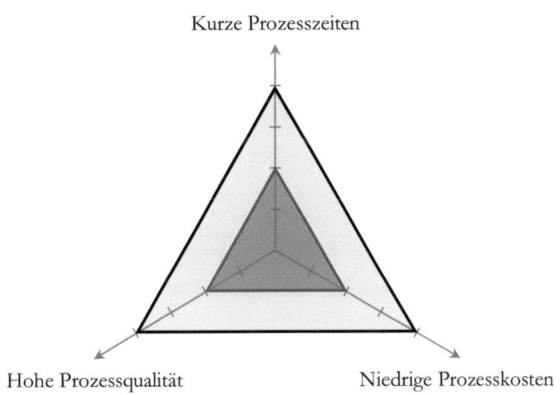

Abbildung 16: *Prozessvolumen nach dem Einleiten der Optierungsmaßnahmen*

Zu erklären ist dies unter anderem mit dem Einsatz von Barcode-Scannern sowie drei separaten Stücklisten. Hierdurch wird eine Qualitätssteigerung erzielt, bedingt durch die Reduktion von Fehlerquellen[195] und die Schaffung transparenter, unkomplizierter Arbeitsabläufe[196]. Im gleichen Zuge können die Stücklisten, Lohn- und Materialscheine

---

[194] Vgl. Abschnitt 3.3.
[195] Bspw. Eingabefehler, Übersehen oder fälschliches Bearbeiten von Stücklistenpositionen etc.
[196] Dies ermöglicht eine schnellere und einfachere Einarbeitung neuer Arbeitskräfte in die entsprechenden Aufgabenfelder.

schneller bearbeitet und damit die Prozesszeiten verkürzt werden, was sich wiederum positiv auf die Prozesskosten niederschlägt.

Die hierdurch erzielbaren Einsparungen der Prozesszeiten und -kosten sind jedoch vergleichbar gering, berücksichtigt man die Verbesserungsmaßname einer computergestützten Erstellung von Arbeitspapieren.

Greift man das bereits zuvor geschilderte Beispiel einer praxisüblichen Stückliste mit ca. 630 vorhandenen Arbeitspapieren auf,[197] sind die Prozesskosten und -zeiten für die Bearbeitung der vorhanden Arbeitspapiere innerhalb der AV und SB mit ca. € 1.120 und ca. 52,5 Stunden Gesamtbearbeitungszeit zu veranschlagen (vgl. Abbildung 17).

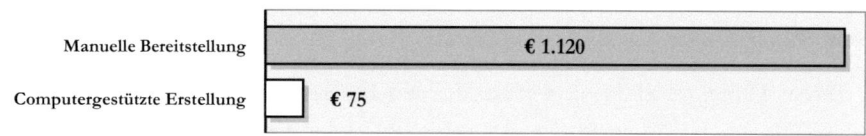

Abbildung 17: *Realisierbares Einsparungspotential bei der Fertigung einer praxisüblichen Anlage*

Die Verbesserungsmaßnahme einer computergestützten Bearbeitung von Stücklisten führt zu einer deutlichen Reduktion der Prozesszeiten und -kosten. Nach einer vorsichtigen Schätzung[198] bedarf es zukünftig ca. 20 Sekunden für das Erfassen der Sachnummer mittels eines Barcode-Scanners einschließlich Eingabe der Stückzahl. In Anbetracht dessen, reduzieren sich die gesamten Prozesskosten innerhalb der AV (die SB ist zukünftig von dieser Arbeit entlastet) auf einen Betrag von € 75 und einer Gesamtbearbeitungszeit von 3,5 Stunden. Dies entspricht einer Einsparung von € 1.045 und 49 Stunden Gesamtbearbeitungszeit pro zu fertigender Anlage.

Trotzdem wird dabei das Niveau der Prozessqualität nicht negativ beeinträchtigt, sondern die Reduktion von Schnittstellen und Medienbrüchen sorgt zusätzlich für eine Steigerung der Qualität.

Abschließend bleibt festzuhalten, dass im Rahmen aller vorgestellten Verbesserungsmaßnahmen die anfangs aufgestellten Zielvorgaben erfüllt werden. Es werden sowohl die Prozessqualität gesteigert als auch die Prozesskosten entscheidend gesenkt. Die maßgebliche Vorgabe, 20 % – 30 % mehr zu bearbeitende Aufträge bei gleicher Belegschaftszahl zu erzielen, ist in Anbetracht einer Reduzierung der Arbeitsbelastung um 49 Stunden, d. h. um 93 % der ursprünglichen Belastung, in hohem Grade gewährleistet.

---

[197] Vgl. Abschnitt 4.4.1.
[198] Die Schätzung basiert auf Gesprächen mit Experten sowie beteiligten Mitarbeitern.

6.5. ZUSAMMENFASSUNG

Ziel dieses Kapitels ist die Präsentation von drei komplementären Ansätzen zur Verkürzung der Durchlaufzeiten in der Arbeitsvorbereitung und Sachbearbeitung und zur Reduzierung der durch Fehler und umständliche Bearbeitung anfallenden Kosten sowie zur Steigerung der Prozessqualität.

Die Ergebnisse sind in einem kurzen Überblick in Abbildung 18 zusammengefasst.

	Automatische Erstellung der Arbeitspapiere	**Einsatz von Barcode-Scannern**	**Drei separate Stücklisten**
Zeitbedarf für die Implementierung	• 5 - 10 Manntage	• ½ Stunde	• 1 - 2 Manntage
Kosten	• € 1.000 - 1.200 pro Manntag • € 1.600 – 2.000 pro Drucker • € 85 - 149 pro Scanner	• € 85 - 149 pro Scanner	• Kostenfreie Dienstleistung des Mutterunternehmens
Migrationsaufwand	• Vorbereitende Maßnahmen • Schulungsaufwand • Implementierung im Pilotbereich	• Kurze Einführung in die Handhabung	• Kurze Einführung in die Handhabung
Risiko	• Mittel	• Gering	• Gering
Zielerreichung	• Minimale Durchlaufzeit • Minimale Prozesskosten • Hohe Qualität	• Kürzere Durchlaufzeit • Geringere Prozesskosten • Höhere Qualität	• Kürzere Durchlaufzeit • Geringere Prozesskosten • Höhere Qualität

Abbildung 18: *Vergleichende Darstellung der Verbesserungsmaßnahmen*

Die Auswertung der Verbesserungsmaßnahmen ergibt, dass pro zu fertigender Anlage Einsparungen in Höhe von 49 Stunden Bearbeitungszeit zu erzielen sind, d. h. 93 % Zeiteinsparung gegenüber der heutigen Bearbeitungszeit. Analog hierzu bedeutet dies für das Unternehmen eine finanzielle Einsparung in Höhe von € 1.045 pro zu fertigender Anlage. Weiterhin wird qualitativ belegt, dass die Verbesserungsmaßnahmen im gleichen Zuge die Prozessqualität steigern.

7. IMPLEMENTIERUNG DER SOLL-PROZESSE

Vor der Implementierung der Soll-Prozesse ist klarzustellen, inwieweit externe Softwareentwickler oder die interne EDV-Betreuung zur Klärung der technischen Fragen, zur Umsetzung in Form von Programmanpassungen und zur Schnittstellenprogrammierung benötigt werden. Sodann sind potentielle Softwareentwickler zu kontaktieren und deren Angebote einzuholen. Diese gilt es anhand vorher entsprechend definierter und gewichteter Kriterien vom Projektteam zu bewerten. Das hierdurch mögliche Ranking der Angebote erlaubt dem Projektteam eine effiziente Auswahl.

Parallel hierzu dient die Berücksichtigung der ausstehenden IT-Systemanpassungen dem Projektteam als Orientierung des zu erwartenden Anpassungs- und Programmierungsaufwands.

Dieses Kapitel abschließend wird ein Migrationsplan aufgestellt. Er dient dem Projektteam als unterstützendes Werkzeug, wann welche Maßnahmen einzuleiten sind. Auch werden die einzelnen Phasen zur Entwicklung und Implementierung der computergestützten Bearbeitung der Arbeitspapiere beschrieben, wie die vorbereitenden Maßnahmen, Schulungsmaßnahmen und die Implementierung im Pilotbereich.

7.1. VORSTELLUNG DER KONTAKTIERTEN SOFTWAREENTWICKLER

Nachdem auf Basis des visualisierten Ist-Zustandes ein Soll-Konzept und die einzuleitenden Verbesserungsvorschläge konzipiert wurden, stellt sich die Frage, inwieweit eine externe Unterstützung zur Programmanpassung und zur Schnittstellenprogrammierung benötigt wird.

Entgegen dem ersten Gedanken, dem Mutterunternehmen die Programmierungs- und Anpassungsmaßnahmen zu übertragen, entschied sich die Geschäftsführung für das Hinzuziehen externer Softwareentwickler. Grund hiefür waren einerseits unternehmenspolitische Aspekte, auf die hier im Detail nicht näher eingegangen wird, und andererseits der potentielle Erfahrungsgewinn durch externe Entwickler.

Bei der Auswahl der Softwareentwickler wurde sich ursprünglich auf Unternehmen konzentriert, deren Soft- und Hardwareprodukte im Unternehmen bereits in Verwendung sind, d. h. CoCreate, als Anbieter der CAD-Anwendung ME10, IBM bzw. SerCon, als Hersteller der Datenbank, und TP-CAD, dem Hersteller der Bilddatenbank AdiCAD. Um diesen Unternehmen einen Einblick in die Unternehmenssituation zu ermöglichen sowie detailliert über die Verbesserungsmaßnahmen zu diskutieren, wurden verschiedene Gesprächstermine organisiert.[199] In diesen mehrstündigen Gesprächen wurden erste Aufgaben konkretisiert und das zukünftige Vorgehen besprochen.

Darüber hinaus wurden weitere Institute und Unternehmen kontaktiert, welche sich durch Erfahrungen mit der Entwicklung und Einführung von unternehmensspezifischen Softwarelösungen auszeichneten (vgl. Abbildung 19).

Eines der Unternehmen war die Command AG. Der Kontakt wurde jedoch bereits in einem sehr frühen Stadium eingestellt, da sie ausschließlich komplette PPS-Systeme in ihrem Produktportfolio führen. Ungeachtet dessen, ist das Unternehmen für zukünftige Erwägungen in dieser Richtung interessant, da es eine führende Marktstellung im Bereich der Datenbank basierenden Produkte innehat.

Unternehmen	Kontakt	Telefon	Email	Bemerkung
AWF Collegium für Vitale Unternehmensentwicklung	Hans-Werner Tyczewski	(02324) 67185	HWTyczewski@t-online.de	Übernahme des Projektmanagements möglich
BIT Institut	Franz Steffens	(0621) 128630 11	Franz.Steffens@bit-institute.com	Übernahme des Projektmanagements möglich
Command AG	Uwe Kutschenreiter	(07243) 590 230	Uwe.Kutschenreiter@command.de	Unterlagen zu oxaionWorld
CoCreate Software GmbH & Co. KG	Klaus Naumann	(07031) 951 2951	Klaus_Naumann@cocreate.com	Angebot wird derzeit erstellt
Fraunhofer Institut für Materialfluss und Logistik	Volker Grzybowski	(0231) 9743 393	Volker.Grzybowski@iml.fraunhofer.de	Übernahme des Projektmanagements möglich
IBM GmbH	Johannes Förderreuther	(0711) 78537 91	Johannes.Foerderreuther@de.ibm.com	Aufnahme der Problemstellung
SerCon GmbH	Wolfgang Hoffmann	(07031) 712 2552	Wolfgang.Hoffmann@sercon.de	Angebot wird derzeit erstellt
Software AG	Michael Pollecker	(06151) 92 3128	Michael.Pollecker@softwareag.com	Kontakt eingestellt
Taskarena Software Engineering GmbH	Roland Bredereck	(0228) 5505 211	Roland.Bredereck@taskarena.net	Kontakt erst wieder Mitte April möglich
Trovarit AG	Peter Treutlein	(0241) 40009 0	Peter.Treutlein@trovarit.com	Unterlagen über Softwarerecherche mit IT-Matchmaker
TP-CAD GmbH	Wolfgang Binninger	(07243) 47 12	binninger@tp-cad.com	Angebot wird derzeit erstellt

Abbildung 19: *Aufstellung der kontaktierten Softwareentwickler*

Auch wurde ein Treffen mit einem Repräsentanten der Software AG organisiert, da dieses Unternehmen für seine systemübergreifenden Lösungen bekannt ist. Angesichts

---

[199] Daran nahmen üblicherweise zwei Repräsentanten des Unternehmens, der Konstruktionsleiter, der EDV-Betreuer und der Projektleiter teil.

der immensen Implementierungskosten[200] wurde deren Lösungsvorschlag jedoch nicht weiter verfolgt.

Durch eine interessante Dienstleistung zeichnete sich die Trovarit AG aus. Der Vorstand stellt auf einer Veranstaltung des VDMA[201] eine internetbasierte Plattform unter dem Namen *IT-Matchmaker* vor. Einem schwarzen Brett ähnlich, bringt die Plattform Softwareentwickler und Unternehmen zusammen. Aufgrund der Kosten in Höhe von € 500 für das Veröffentlichen einer detaillierten Aufgabenstellung verzichtete die Geschäftsführung allerdings auf diesen Service.

Schließlich boten sich das Fraunhofer und das BIT Institut zur Unterstützung in der Umsetzung des Projektes an, wobei sie mehr die Aufgabe eines Projektmanagements als die eigentlichen Programmanpassung und Schnittstellenprogrammierung übernehmen wollten.

Zusammenfassend zeigt Abbildung 19 sämtliche Details der kontaktierten Unternehmen sowie Bemerkungen zu dem derzeitigen Stand. Dabei ist ersichtlich, dass derzeit vier Unternehmen ein Angebot für das Unternehmen erstellen.

Ziel des folgenden Abschnitts ist es daher, Kriterien zur Auswahl des geeigneten Softwareentwicklers zu bestimmen.

7.2. Kriterien zur Auswahl des geeigneten Entwicklers

In der Literatur werden Bewertungsmodelle meist als Punktbewertungsmodelle (Scoring-Modelle) vorgestellt. Will man jedoch die Erfahrungen der Mitarbeiter berücksichtigen, muss man nach Arnold[202] sehr unterschiedlich dimensionierte Zielkriterien in ein Modell unterbringen. Dafür sind die reinen Scoring-Modelle wenig zweckmäßig.

Für diese Vorgehensweise empfiehlt Arnold die Methode der Nutzwertanalyse. Darunter versteht er die Analyse einer Menge komplexer Handlungsalternativen mit dem Ziel, die Handlungsalternativen entsprechend der Wertvorstellungen des Entscheidungsträgers zu ordnen. Er empfiehlt weiter, wegen der größeren Aussagefähigkeit eine kardinale Nutzwertanalyse durchzuführen. Eine ordinale Nutzwertanalyse, die nur die Rangordnung der Alternativen, nicht aber die Nutzwertdifferenzen der einzelnen Lieferanten zueinander und zum maximal erreichbaren Gesamtwert ermittelt, wäre ebenfalls denkbar. Sie hat aber eine geringere Aussagefähigkeit.

Die Nutzwertanalyse für eine Lieferantenbeurteilung besteht nach Arnold aus fünf Teilschritten, welche analog für die Auswahl eines geeigneten Entwicklers übernommen werden kann (vgl. Abbildung 20).

---

[200] Erste Schätzungen waren in der Größenordung von € 100.000 - € 150.000.
[201] Eine Veranstaltung vom 25.02.2003 zu dem Thema „Softwaregestützte Auswahl von ERP-Systemen".
[202] Vgl. Arnold (1995), S. 164-184.

Teilschritt der Nutzwertanalyse	Vorgehensweise bei der Nutzwertanalyse
1. Festlegung der Zielkriterien	Aufstellung eines Zielsystems; begründeter, nachvollziehbarer Vorschlag für die Auswahl der relevanten Zielkriterien
2. Gewichtung der Zielkriterien	Gewichtung der vorliegenden Zielkriterien mit unterschiedlichen Nutzen- und Kostenarten
3. Operationalisierung der Zielkriterien	Beschreibung des Entscheidungsproblems mit einem mathematischen Ansatz bzw. verbaler Umschreibung
4. Bewertung der Zielkriterien mit Punkten	Umrechnung unterschiedlicher Dimensionen in Punktwerte
5. Gewichtung und Aggregation der Punktwerte	Gewichtung der Punktwerte und je nach Informationsbedarf Aggregation dieser Werte

Abbildung 20: *Fünf Teilschritte der Nutzwertanalyse* [203]

Wie in Abbildung 21 ersichtlich, zieht der Verfasser der vorliegenden Arbeit fünf Zielkriterien für eine Bewertung geeigneter Softwareentwickler heran. Diese sind der *Preis* und die *Qualität des Angebots* sowie die *Qualifikation*, die *Projektdurchführung / Methodenerfahrung* und die *Präsentation des Entwicklerteams*. Dabei lassen sich diese Kriterien weiter untergliedern.

Anschließend gilt es gemäß dem zweiten Teilschritt, die Zielkriterien entsprechend der jeweiligen Unternehmenssituation zu gewichten. Auch dies wird beispielhaft in Abbildung 21 gezeigt.

Zur Operationalisierung der Zielkriterien werden folgende Ausprägungen empfohlen: *Sehr Gut* (2 Punkte), *Gut* (1 Punkt), *Weder Gut noch Schlecht* (0 Punkte), *Schlecht* (-1 Punkt) und *Sehr Schlecht* (-2 Punkte). Zur Wahrung der Objektivität und zur Vereinfachung der Bewertung wird empfohlen, Checklisten mit verbalen Beurteilungskriterien oder Bezugsbeispielen vorzugeben, um subjektive Einschätzungen zu minimieren.[204]

In einem letzten Schritt sind nun die verschiedenen Kriterien zu bewerten und die gewichteten Punkte zu summieren, um den Rang des jeweiligen Entwicklers zu ermitteln.

---

[203] Quelle: Arnold (1995), S. 168.
[204] Beispielhaft für das Kriterium *Angebotspreis*: ... - € *5.000* (2 Punkte), € *5.001* - € *10.000* (1 Punkt), € *10.001* - € *15.000* (0 Punkte), € *15.001* - € *20.000* (-1 Punkte), € *20.001* - ... (-2 Punkte).

Lfd. Nr.	Kriterien	Gewichtung [%]	Ausprägung	Gewichtete Punkte
1.	**Angebotspreis**	60		
2.	**Qualität des Angebots**	6		
2.1.	Form des Angebots und Aussagen zu den einzelnen Angebotspunkten (z. B. Zeitschiene, IT-Systemanpassung etc.)	2		
2.2.	Weitergehende Überlegungen und Vorschläge der Entwickler	2		
2.3.	Synergieeffekte durch Einbindung in das bestehende System	2		
3.	**Qualifikation des Entwicklerteams**	20		
3.1.	Mehrjährige Erfahrung in vergleichbaren Projekten (Referenzen, Empfehlungen Dritter, eigene Erfahrungen)	8		
3.2.	Fundierte Kenntnisse mit den vorherrschenden Systemen (Datenbank, Unix, AdiCAD etc.)	8		
3.3.	Eigene Erfahrungen mit dem vorgesehenen Entwicklerteam	4		
4.	**Projektdurchführung / Methodenerfahrung**	10		
4.1.	Geeignete Organisation der Projektdurchführung	4		
4.2.	Verfahren der Qualitätssicherung (Nachweise)	6		
5.	**Präsentation**	4		
5.1.	Fachliche Kompetenz der Kontaktpersonen und der Präsentation	2		
5.2.	Persönlichkeit, Vertrauen und Sympathie der Kontaktpersonen	2		
∑	**SUMME**	100	–	

Abbildung 21: *Kriterien zur Beurteilung von Softwareentwicklern*

Da bis zum Abgabetermin der vorliegenden Arbeit keine konkreten Angebote vorlagen, konnte die geschilderte Nutzwertanalyse ausschließlich theoretisch erläutert werden.

Es ist jedoch vorab anzumerken, dass die von verschiedenen Unternehmen[205] geäußerten, ersten Aufwandsschätzungen für die Implementierung der Verbesserungsvorschläge ca. vier- bis fünfzehnmal höher lagen als die Aufwandsabschätzung des Mutterunternehmens[206].

---

[205] Zu diesen Unternehmen gehören die IBM, SerCon und CoCreate.
[206] Vgl. ausführlicher Abbildung 18.

7.3. IT – SYSTEMANPASSUNG

„Die Automatisierung bestehender Prozesse mit Hilfe der Informationstechnologie ähnelt dem Versuch, einen Trampelpfad zu asphaltieren. Die Automatisierung birgt die Gefahr, die falschen Dinge effizienter zu erledigen." [207]

Viele Probleme bei der Installation neuer DV-Systeme sind darauf zurückzuführen, dass die vorhandenen Geschäftsabläufe und deren Schnittstellen mangelhaft beschrieben und zu wenig an den internen und externen Kundenforderungen ausgerichtet sind. Sind die Geschäftsprozesse vor der DV-Installation dokumentiert, neu gestaltet und bereinigt worden, ist eine wesentliche Bedingung für effiziente Kommunikations- und Informationssysteme erfüllt, die dann in DV-gestützte Netzlösungen transferiert werden können.[208]

Die von Riekof genannte Bedingung wurde durch das systematische Vorgehen bei der hier vollzogenen Prozessoptimierung beachtet und erfüllt. So wurden die Geschäftsprozesse vor der DV-Installation im Detail visualisiert und dokumentiert sowie basierend auf einem Soll-Konzept neu gestaltet und von Schwachstellen bereinigt.

Auch wurden die für die Verbesserungsmaßnahmen relevanten Schnittstellen insoweit beschrieben, welche Informationen von welchem Funktionsbereich an wen weitergegeben werden müssen. Die genaue Spezifikation der Datensätze auf der untersten DV-Ebene, d. h. auf der Ebene der Datensatzbezeichnung, -klassifikation, -typs etc., wurde dabei nicht näher detailliert. Dies wird als eine wesentliche Aufgabe des Entwicklerteams erachtet, welches sich vor der Implementierung genauestens mit der Datenbank und deren Aufbau auseinandersetzen muss.

Inwieweit IT-Systemanpassungen in welchem Umfang erforderlich sind, ist entscheidend von den realisierten Verbesserungsmaßnahme abhängig. Während die erst genannten, umgehend umsetzbaren Verbesserungsmaßnahmen[209] nur geringfügige Änderungen am vorherrschenden System benötigen, ist ein deutlich höherer Anpassungsaufwand für die computergestützte Bearbeitung der Arbeitspapiere zu erwarten.

Vor dem Hintergrund, die notwendigen Investitionen für die Realisierung auf ein Minimum zu beschränken, sind lediglich neue Barcode-Scanner sowie ein heftfähiger Drucker anzuschaffen. Diese Geräte lassen sich nahtlos in das bestehende IT-System integrieren. Für den Fall der Verwendung eines PCs als Druckserver, kann dieses Gerät aus dem Bestand des Unternehmens entnommen werden.

---

[207] Hammer / Champy (1994), S. 68.
[208] Vgl. Riekhof (1997b), S. 22-24.
[209] „Einsatz von Barcode-Scannern" (vgl. Abschnitt 6.1) und „Drei separate Stücklisten" (vgl. Abschnitt 6.2).

7.4. MIGRATIONSPLAN

Die Umsetzung der computergestützten Bearbeitung von Arbeitspapieren erfolgt durch den Autor der vorliegenden Arbeit als Projektleiter. Zusätzliche Unterstützung bei Gesprächen mit externen Softwareentwicklern lieferten ihm Angestellte des Unternehmens.

Der Migrationsplan in Abbildung 22 beschreibt die einzelnen Phasen zur Entwicklung und Implementierung der computergestützten Bearbeitung der Arbeitspapiere. Dabei wurde darauf geachtet, die Projektschritte und Zeitvorgaben für die Systementwicklung so zu definieren, dass sie neben dem laufenden Tagesgeschäft vonstatten gehen können.

Lfd. Nr.	Maßnahme	1. Woche	2. – 8. Woche[210]	1. Woche n. I.[211]	2. Woche n. I.	3. Woche n. I.
1.	**Vorbereitende Maßnahmen**					
1.1.	Vor der Implementierung zwingend abzuschließende Maßnahmen					
1.2.	Implementierungsphase überdauernde Maßnahmen					
2.	**Schulungsmaßnahmen**					
2.1.	Erster Workshop					
2.2.	Zweite Schulungsmaßnahme					
3.	**Implementierung im Pilotbereich**					
3.1	Erstellung von Verfahrensanweisungen für den Realbetrieb					
3.2	Entwicklung von Übergangs- und Notbetriebsverfahren					
3.3	Probebetrieb als Integrationstest mit Personal und Technik					
3.4	Exakte Planung des Umschaltvorgangs und -zeitpunktes					
3.5	Klärung der Mängelbeseitung mit den Softwareentwicklern					

Abbildung 22: *Migrationsplan*

Die folgenden Abschnitte schildern die einzelnen Phasen des Migrationsplans, wie vorbereitende Maßnahmen, Schulungsaufwand und Implementierung im Pilotbereich.

---

[210] Die Spanne von 2 – 8 Wochen ergibt sich aus den stark auseinanderklaffenden Aufwandsabschätzungen der Softwareentwickler.
[211] Abkürzung für *nach der Implementierung*.

7.4.1. Vorbereitende Maßnahmen

Die vorbereitenden Maßnahmen stellen die Aktionen dar, die einerseits vor der Implementierung zwingend abzuschließen und andererseits bereits begonnen und über die Implementierungsphase weiterzuführen sind.

Die *vor der Implementierung zwingend abzuschließenden Maßnahmen* beinhalten die Gestaltung eines Pflichtenhefts durch das Projektteam, in dem alle notwendigen Anforderungen und zu beachtenden Sonderfälle einer Soll-Konzept-Umsetzung aufgeführt werden.[212] Gleichzeitig hat der Softwareentwickler in Absprache mit dem Unternehmen ein Lastenheft aufzustellen, das die zu erfüllenden Aufgaben genau spezifiziert und anhand dessen eine Abnahme des Produkts erfolgen kann. Daran anschließend kann der Entwickler mit der Analyse und Dokumentation der Schnittstellen auf unterster DV-Ebene beginnen, bevor er die eigentliche Programmanpassung und Schnittstellenprogrammierung übernimmt.

Hinsichtlich der die *Implementierungsphase überdauernden Maßnahmen* ist damit zu beginnen, die Bilddatenbank zu pflegen. So sind Zeichnungen, welche bisher nicht oder nur als Handskizze den Arbeitspapieren beiliegen, von der Konstruktion neu zu zeichnen und in der Bilddatenbank abzulegen. Damit gewährleistet man einen unmittelbar reibungslosen Ablauf der computergestützten Bearbeitung der Arbeitspapiere. Diese Maßnahme erstreckt sich über die Implementierungsphase hinweg, da auch zukünftig damit zu rechnen ist, dass nicht alle Zeichnungen elektronisch vorliegen. In solchen Fällen gibt das System eine Fehlermeldung aus, und die Zeichnung ist nachträglich elektronisch abzulegen.

7.4.2. Schulungsmaßnahmen

Die stärkere DV-Unterstützung und die komplexeren Aufgabenbereiche ermöglichen Rationalisierungseffekte, erfordern aber auch einen umfangreichen Pflege- und Schulungsaufwand. Voraussetzung für die dauerhafte Akzeptanz und die Verlässlichkeit der computergestützten Bearbeitung von Arbeitspapieren sind aktuelle und richtige Daten. Zum einen verlassen sich die Benutzer in stärkerem Maße auf die Systemunterstützung, zum andern wird die Richtigkeit halb- oder automatisch ausgeführter Bearbeitungsschritte mit zunehmender Automatisierung nur noch in begrenztem Maße überprüft. Die Benutzer müssen deshalb gründlich geschult werden, damit sie die Möglichkeiten der computergestützten Arbeitspapierbearbeitung wirksam einsetzen können.[213]

Daher werden zwei Schulungsmaßnahmen empfohlen. In einem *ersten Workshop* werden die beteiligten Mitarbeiter über die bevorstehende computergestützte Bearbeitung der

---

[212] Die Prozessvisualisierung sowie der ausführlich beschriebene Verbesserungsvorschlag (vgl. Abschnitt 6.3) dienen als Grundlage für die Erstellung des Pflichtenhefts.
[213] Vgl. Möhringer (1998), S. 221.

Arbeitspapiere informiert. Auch gilt es die beteiligten Mitarbeiter in diesem Workshop bezüglich zukünftig auftretender Problemfälle zu sensibilisieren, wie z. B. nicht vorhandene oder handskizzierte Zeichnungen, welche bereits heute neu erstellt werden können. Damit wird bereits in einem frühen Stadium gewährleistet, dass sich die Mitarbeiter mit dem System gedanklich vertraut machen.

Während der Implementierung im Pilotbereich ist eine *zweite Schulungsmaßnahme* anzusetzen. Hier werden die beteiligten Mitarbeiter im Detail in das System eingeführt, beispielhafte Arbeitspapiere unter Anleitung computergestützt bearbeitet und potentiell auftretende Problemfälle besprochen.

7.4.3. Implementierung im Pilotbereich

Die Inbetriebnahme neuer Software kann bei unzureichender Vorbereitung wegen des höheren Automatisierungsgrades und der zunehmenden Komplexität zu erheblichen Übergangsproblemen und damit verbundenen hohen Folgekosten führen.

Eine sorgfältige Inbetriebnahme verringert die Gefahr möglicher Störungen im späteren Realbetrieb. Deswegen gilt es im Rahmen der Implementierung im Pilotbereich die folgenden Punkte zu berücksichtigen:[214]

- Erstellung von Verfahrensanweisungen für den Realbetrieb
- Entwicklung von Übergangs- und Notbetriebsverfahren
- Probebetrieb als Integrationstest mit Personal und Technik
- Exakte Planung des Umschaltvorgangs und –zeitpunkts
- Klärung der Mängelbeseitung mit den Softwareentwicklern

Ziel der Implementierung im Pilotbereich ist die Minimierung der Ausfallzeiten, um die Bearbeitung der Arbeitspapiere ohne merkliche Störung aufrechterhalten zu können.

---

[214] Vgl. FhG-IML (2002d), o. S.

8. VORSCHLÄGE FÜR WEITERGEHENDE VERBESSERUNGEN

Weitere Verbesserungspotentiale, die der Autor der vorliegenden Arbeit im Rahmen seiner Tätigkeit in den verschiedenen Abteilungen identifiziert hat, werden nachfolgend aufgeführt und erste Verbesserungsvorschläge skizziert.

Eine intensive Bearbeitung geht über den Umfang der vorliegenden Arbeit hinaus, ist aber zum Erreichen der Ziele nach effizienten Geschäftsprozessen eindringlich zu empfehlen.

Identifizierte Mängel:

a) Unübersichtliche Werkstattsteuerung

b) Verbuchung der Lohnscheine in der Fertigung

c) Umständliche Konvertierung von Angebotszeichnungen in pdf-Dateien

d) Das Mutterunternehmen hat ein Zugriffsrecht auf die Marge des Unternehmens

e) Unvollständige Vorkalkulationsprogramme

f) Keine Mindestbestellmengen

g) Software ist auf das Mutterunternehmen abgestimmt

h) Zusätzlicher Aufwand für die Übersetzung von Auftragsnummern des Mutterunternehmens und Kommissionsnummern des Unternehmens

Erste Ansätze zur Problemlösung der oben genannten Punkte:

Zu a) **Gestaltung eines Leitstandes**

Auf der Basis einer zentralen Auftragsplanung werden die für die termingerechte Fertigung notwendigen Informationen an einen Leitstand (bspw. in Form einer Plantafel) übermittelt, wobei an dieser Stelle die Abstimmung der Auftragsreihenfolge vorgenommen wird. In dieser Organisationseinheit überblickt jeder Mitarbeiter sämtliche Produktionsabteilungen und bevorstehenden Aufträge, was für eine integrative Abwicklung eines Auftrages von entscheidender Bedeutung ist.

Ziel ist es, die Betriebsleitung und die Meister von terminlichen Entscheidungskompetenzen zu entbinden und ihnen mehr Freiraum für andere Aufgabeninhalte zu lassen.[215]

Zu b) Verbuchung der Lohnscheine am Leitstand

Auf die Verbuchung des Lohnscheins durch die SB könnte grundsätzlich verzichtet werden, wenn eine Zeiterfassung im Leitstand erfolgt. Immer wenn der Bearbeiter einen Auftrag aus dem Leitstand entnimmt, hat er den Beginn seiner Tätigkeit an einem dort angebrachten Betriebsdatenerfassungsterminal (BDE-Terminal) die Daten des Lohnscheines sowie seine Personalnummer zu erfassen. Dies kann bspw. unterstützt werden durch eine sich dort befindende Identifikationskarte, welche seine Personalnummer als Barcode aufweist, und die er gemeinsam mit dem Lohnschein durch den Scanner das BDE-Terminal ziehen muss. Gleiches hat er nach der Beendigung des Auftrages ebenfalls zu vollziehen.

Ziel ist die Entlastung der SB und ein stets aktueller Datenbestand, um eine effiziente Fertigungssteuerung zu ermöglichen.

Zu c) Automatische Konvertierung von Zeichnungen in pdf-Dateien

Heute erlauben kostengünstige Zusatzmodule für die CAD-Anwendung ME10 die automatische Konvertierung von Zeichnungen in pdf-Dateien. Diese Module sind einerseits direkt durch den Hersteller der CAD-Anwendung zu beziehen oder andererseits durch unabhängige Softwareentwickler.

Ziel ist die Entlastung der Konstruktion, welche bis dato jede Angebotszeichnung manuell in eine pdf-Datei konvertieren muss.

Zu d) Sperrung der Zugriffsrechte auf die Marge des Unternehmens

Begründet durch die erst kürzlich vollzogene Abspaltung von dem Mutterunternehmen und den daraufhin abgeschlossenen EDV-Wartungsvertrag mit dem Mutterunternehmen, besitzt die ehemalige Mutter weiterhin Zugriffsrechte auf sämtliche unternehmensinternen Daten des Unternehmens. So auch auf die Marge, welche das Unternehmen an Aufträgen des Mutterunternehmens erwirtschaftet. Denkbar wäre, dass die ehemalige Mutter diese Information nutzt, um den zwischen den Unternehmen vorab festgelegten Preis der Fertigungs- und Montageteile zu drücken. Das Unternehmen wiederum hätte große Schwierigkeiten dagegen zu argumentieren.

---

[215] Vgl. Wildemann (1982), S. 11-13.

Ziel ist es daher, dem Mutterunternehmen sämtliche Zugriffsrechte auf unternehmensinterne Daten zu nehmen, bspw. anhand von passwortgeschützten Datenabfragen oder letztendlich einer physischen Trennung der Datenbanken beider Unternehmen.

Zu e) **Einführung eines umfangreichen Vorkalkulationsprogramms**

Die im Unternehmen eingesetzte Software erlaubt die Vorkalkulation einzelner Fertigungsteile auf Basis des eingesetzten Materials sowie der zur Fertigung veranschlagten Arbeitszeit. Es ist jedoch nicht möglich, automatisch ganze Baugruppen bzw. komplette Anlagen vorab zu kalkulieren. Dies zwingt die AV bei Bedarf, jedes einzelne Bauteil einer Stückliste vorzukalkulieren und anschließend alle Positionen manuell zu addieren.

Ziel ist es folglich, ein Programm zur Vorkalkulation gesamter Baugruppen bzw. kompletter Anlagen zu konzipieren. Dadurch lassen sich innerhalb kürzester Zeit die Kosten einer kompletten Anlage kalkulieren. Neben der internen Verwendung des Vorkalkulationsprogramms ist es darüber hinaus denkbar, dass der Vertrieb im Kundengespräch Zugriff auf das Programm hat. Dadurch kann der Vertrieb innerhalb kürzester Zeit entscheiden, ob der verhandelte Angebotspreis für das Unternehmen rentabel ist oder nicht. Die Gefahr, eine Anlage mit Verlust anzubieten, ist hierdurch gebannt.

Zu f) **Einführung einer Mindestbestellmenge und eines -aufschlages**

Derzeit erlaubt es die Unternehmenspolitik nicht, Aufträge aufgrund eines Unterschreitens einer bestimmten Mindestbestellmenge abzulehnen oder einen entsprechenden Aufwandsaufschlag zu erheben. So kommt es vor, dass das Mutterunternehmen eine einzelne Passfeder im Wert von € 0,20 bestellt und diese von dem Unternehmen ausgeliefert wird. Bedenkt man den organisatorischen Aufwand und die Kosten für die Bearbeitung eines solchen Auftrages, kann es nicht im Interesse des Unternehmens sein, diese Politik fortzuführen.

Ziel ist die Einführung einer Mindestbestellmenge und die Festsetzung eines Mindestbestellaufschlages, um hierdurch ertragsreich zu wirtschaften.

Zu g) **Anpassung der Software an die Vorgaben des Unternehmens**

Bei der von dem Unternehmen eingesetzten Software zur Abwicklung der Geschäftsprozesse handelt es sich um eine Eigenentwicklung des Mutterunternehmen. Diese Software wurde maßgeblich auf die Belange des Mutterunternehmens zugeschnitten. Zahlreiche Eingaben, Vorgaben, Abkürzungen etc. sind im Rahmen des täglichen Geschäftes des

Unternehmens nicht oder nur bedingt erforderlich. Auch können wiederum wichtige Informationen nur teilweise erfasst werden. Wird im Rahmen einer endgültigen (EDV-)Trennung von dem Mutterunternehmen die Übernahme der bestehenden Software erwogen, gilt es die Software auf die Interessen des Unternehmens hin zu analysieren und anzupassen.

Ziel ist der effiziente Einsatz einer maßgeschneiderten Software zur Abwicklung sämtlicher Geschäftsprozesse im Unternehmen.

Zu h) **Ausschließliches arbeiten mit Kommissionsnummern**

Heute ist die SB zusätzlich damit beschäftigt, die Aufträge des Mutterunternehmens einschließlich der von dem Unternehmen vergebenen Kommissionsnummer in einem dafür angelegten Buch einzutragen. Bei Rückfragen beruft sich das Mutterunternehmen auf ihre intern verwendete Auftragsnummer und nicht auf die von dem Unternehmen vergebene Kommissionsnummer. Das angelegte Buch dient der SB zum Auffinden der entsprechenden Kommissionsnummer.

Ziel ist das einheitliche Arbeiten mit der von dem Unternehmen vergebenen Kommissionsnummer. Somit ist dem Mutterunternehmen zu kommunizieren, dass sie sich, wie jeder andere Kunde, bei Rückfragen auf die von dem Unternehmen vergebene Kommissionsnummer berufen muss. Hierdurch wird Bearbeitungsaufwand in der SB reduziert und eine mögliche Fehlerquelle (fehlerhaftes Eintragen) beseitigt.

9. EMPFEHLUNG

Die Abkehr von der herkömmlichen Funktionsorientierung zur Prozessorientierung innerhalb der Unternehmen ist in der betriebswirtschaftlichen Theorie und Praxis zu einem zentralen Thema geworden. Während es vor einigen Jahren noch selten war, dass Unternehmen prozessorientiert arbeiteten, ist heute ein Trend zur Vorgangsbearbeitung gemäß der Wertschöpfungskette innerhalb der Unternehmen erkennbar.

Vor diesem Hintergrund war es die Zielsetzung der vorliegenden Arbeit, die tradierten Organisationsstrukturen und die starke Arbeitsteilung aufzulösen, welche eine Vielzahl von Schnittstellen in den betrieblichen Abläufen, lange Durchlaufzeiten und mehrfache Einarbeitungszeiten der einzelnen Mitarbeiter in den jeweiligen Vorgang nach sich ziehen.

Dennoch ist die Verhältnismäßigkeit zu beachten. Da es der begrenzte Umfang der vorliegenden Arbeit nicht erlaubt, eine tiefgehende Behandlung sämtlicher Geschäftsprozesse vorzunehmen, stellt sich die Frage, *nach welcher Methode* und *in welchem Umfang*, *welche* Geschäftsabläufe *durch welche Verbesserungsmaßnahmen, von wem* und *wann* zu optimieren sind.

Der erste Schritt bedarf der Auswahl einer geeigneten *Methode*, nach welcher die Optimierung der Geschäftsprozesse vollzogen werden soll. Dabei ist insbesondere das Risiko einer Veränderung der heutigen Prozesse auf den zukünftigen Geschäftsablauf sowie die Wirkung und Reichweite der Veränderung zu beachten. Aufgrund dieser Kriterien wird empfohlen, eine Geschäftprozessoptimierung nach der Methode des Prozesskettenmanagements vorzunehmen. Hierbei lassen sich dauerhafte und bemerkenswert tief greifende Veränderungen bei gleichzeitig mittlerem Risiko realisieren.

In einem zweiten Schritt ist die Überlegung aufzustellen, *in welchem Umfang* die Geschäftsabläufe zu optimieren sind. Der Autor der vorliegenden Arbeit empfiehlt, ehrgeizige Ziele festzulegen, um damit einerseits den Willen der Geschäftführung auszudrücken, Gewohntes in Frage zu stellen, und andererseits das Projektteam sowie die beteiligten Mitarbeiter zu motivieren, die zukünftigen Prozesse möglichst effizient zu gestalten. Das in Abschnitt 3.3 herausgestellte Ziel, 20 % – 30 % mehr Aufträge bei gleicher Belegschaftszahl zu bearbeiten, ist realistisch.

Unter dem Aspekt der höchsten Kundenzufriedenheit, welche sich die Geschäftsführung zum umfassenden Unternehmensziel gesetzt hat, wird über den Rahmen der vorliegenden Arbeit hinaus eine breit angelegte Kundenbefragung empfohlen. Aufbauend auf den erstmals erhobenen Untersuchungsdaten über die Servicefähigkeit und -treue des Unternehmens, sind zukünftige Verbesserungsmaßnahmen einzuleiten.

In einem dritten Schritt muss definiert werden, *welche* Geschäftsabläufe im Einzelnen zu untersuchen sind. Das Hauptaugenmerk der vorliegenden Arbeit war dabei auf die Funktionsbereiche der AV und SB gerichtet, da hier insbesondere der hohe Grad an zeitintensiven Routineaufgaben zu hohen Prozesszeiten und -kosten führt. Des Weiteren werden sämtliche, von der AV und SB benötigten Daten in einer Datenbank redundant gehalten, was wiederum unnötigen Mehraufwand in der doppelten Pflege von Archiv und Datenbank, Fehleranfälligkeit durch häufige Medienbrüche etc. bedeutet. In der Folge sinkt die Prozessqualität.

Über die oben genannten Funktionsbereiche hinaus identifizierte der Autor der vorliegenden Arbeit weiteres Verbesserungspotential im Unternehmen, wie zum Beispiel der Vertrieb standardisierter Produkte oder die Neuplanung der Produktionshallen und der darin befindlichen Maschinenanordnung. Unter diesem Aspekt wird eine Analyse des Verbesserungspotentials empfohlen, um es zukünftig auszuschöpfen.

Der vierte Schritt erfordert die Gestaltung von Soll-Prozessen, um *Verbesserungsmaßnahmen* zu konzipieren. Neben der mit Programmierungs- und Anpassungsaufwand verbundenen „computergestützten Bearbeitung der Arbeitspapiere", empfiehlt der Autor der vorliegenden Arbeit die Implementierung von zwei weiteren Verbesserungsmaßnahmen: Der „Einsatz von Barcode-Scannern" sowie „drei separate Stücklisten" zeichnen sich dadurch aus, dass sie kostengünstige und sofort implementierbare Lösungen für einen Teil der im Unternehmen identifizierte Schwachstellen darstellen.

Der fünfte Schritt besteht darin, mittels einer Nutzwertanalyse zu bestimmen, *von wem* die notwendigen Programmanpassungen vorzunehmen sind. Dabei spielt bei der Auswahl des Entwicklerteams insbesondere der Angebotspreis, aber auch die Qualifikation des Entwicklerteams eine entscheidende Rolle. Vor dem Hintergrund der von den externen Entwicklerteams geäußerten, ersten Aufwandsschätzungen, welche ca. vier- bis fünfzehnmal höher lagen als die des Mutterunternehmens, und der erforderlichen, detaillierten Kenntnisse der EDV-Systemlandschaft bei dem Unternehmen, wird die Implementierung durch die Programmierer des Mutterunternehmens empfohlen.

Legt man der Investitionskostenabschätzung den Aufwand für die Programmanpassungen, den Bedarf an einem Drucker und zwei Barcode-Scannern zugrunde, ergibt sich hieraus eine Investitionssumme in der Größenordnung von € 6.770 – € 14.300. Stellt man diesen Investitionskosten die erzielbaren Einsparungen in Höhe von ca. € 1.000 pro gefertigter Anlage gegenüber, amortisieren sich die Investition innerhalb von 7 – 14 Anlagen, d. h. bei ca. 7 Anlagen pro Jahr nach maximal 2 Jahren. Infolgedessen wird die Implementierung der Verbesserungsmaßnahme empfohlen, da nicht davon auszugehen ist, dass das EDV-System des Unternehmens innerhalb der nächsten 2 Jahre ersetzt wird.

In einem sechsten und abschließenden Schritt muss entschieden werden, *wann* die Verbesserungsmaßnahmen zu implementieren sind. Hierbei empfiehlt der Autor der vorliegenden Arbeit, den „Einsatz von Barcode-Scannern" und „drei separate

Stücklisten" schnellstmöglich zu implementieren. Bezüglich der Implementierung der „computergestützten Bearbeitung der Arbeitspapiere" wird in Abschnitt 7.4 ein Migrationsplan aufgezeigt. Dabei wird empfohlen, den Zeitbedarf für die Umsetzung der Verbesserungsmaßnahme zu nutzen, um die beteiligten Mitarbeiter für die bevorstehenden Tätigkeiten zu schulen und hinsichtlich zu erwartender Übergangsprobleme zu sensibilisieren.

10. ZUSAMMENFASSUNG

Ziel der vorliegenden Arbeit ist es, die Prozesse der Auftragsbearbeitung in einem mittelständischen Unternehmen des Anlagenbaus zu optimieren. Dabei wird das Schwergewicht der Untersuchung neben der Visualisierung der Geschäftsprozesse innerhalb der Auftragsbearbeitung auf die Erarbeitung von Verbesserungsmaßnahmen gelegt, wobei sich das Hauptaugenmerk auf die Funktionsbereiche der AV und SB richtet.

Während zu Beginn der vorliegenden Arbeit noch undurchsichtige betriebliche Abläufe, Redundanzen und Ineffizienz das Unternehmensgeschehen prägten, wird mittels der Visualisierung der Geschäftsprozesse Transparenz geschaffen. Dadurch können der Geschäftsführung und den Mitarbeitern die im Verborgenen ablaufenden Prozesse transparent dargestellt sowie Schwachstellen identifiziert werden. Auf diese Ergebnisse aufbauend, werden die Soll-Prozesse konzipiert sowie Verbesserungs- und Umsetzungsmaßnahmen eingeleitet.

Hierdurch wird die Zielsetzung verwirklicht, zukünftig 20 % – 30 % mehr zu bearbeitende Aufträge bei gleicher Belegschaftszahl zu realisieren sowie Kosten zu senken und die Prozessqualität zu steigern.

In diesem Status von einem optimalen Prozess zu sprechen, ist jedoch verfrüht. Man kann davon ausgehen, dass weiteres Verbesserungspotential enthalten ist. Erste Ansätze hierfür werden daher zum Abschluss der vorliegenden Arbeit aufgeführt und erste Verbesserungsvorschläge skizziert.

LITERATURVERZEICHNIS

Adobe (2003): *Definition des Adobe Portable Document Formats (PDF),*
URL: http://www.adobe.de/products/acrobat/adobepdf.html
Stand: 25. März 2003

Arnold, U. (1995): *Beschaffungsmanagement,* Stuttgart: Schäffer-Poeschel Verlag 1995

Augustin, S. (1990): *Informationslogistik – worum es wirklich geht,* in: IO Management Zeitschrift, Jg. 59, Heft 9, 1990, S. 31 – 34

Blecher, G. (1997): *Neue Ansätze für die Simulation von Geschäftsprozessen,* in: Innovation – Triebfedern erfolgreicher Geschäftsprozessgestaltung, Deutsches Industrial-Engineering-Jahrbuch 1997, REFA-Industrial-Engineering (Hrsg.), Darmstadt: REFA 1997

Binner, H.-F. (1997): *Geschäftsprozessanalyse als Grundlage für die virtuelle Unternehmensbildung,* in: Innovation – Triebfedern erfolgreicher Geschäftsprozessgestaltung, Deutsches Industrial-Engineering-Jahrbuch 1997, REFA-Industrial-Engineering (Hrsg.), Darmstadt: REFA 1997

Bullinger, H. / Roos, A. / Wiedmann, G. (1994): *Amerikanisches Reengineering oder japanisches Lean Management?,* in: Office Management, Jg. 42, Heft 7, 1994, S. 14 – 20

Bundesministerium für Wirtschaft und Arbeit (2003): *Branchenfocus des Maschinen und Anlagenbaus,*
URL: http://www.bmwi.de/homepage/politikfelder/branchenfocus/maschinen-%20und%20anlagenbau/maschinenbau.jsp
Stand: 28. Februar 2003

Corsten, H. (1985): *Die Produktion von Dienstleistungen. Gründzüge einer Produktionswirtschafts-lehre des tertiären Sektors,* Berlin: Oldenbourg Verlag 1985

Derszteler, G. (2000): *Prozessmanagement auf Basis von Workflow-Systemen: Ein integrierter Ansatz zur Modellierung, Steuerung und Überwachung von Geschäftsprozessen,* aus Schriftenreihe: Wirtschaftsinformatik, Band 30, D. Seibt / U. Derigs / W. Mellis (Hrsg.), Lohmar u. a.: Josef Eul Verlag 2000

Domschke, W. / Drexl, A. (2002): *Einführung in Operations Research,* Berlin u. a.: Springer Verlag 2002

Ellinger, Th. / Wildemann, H. (1985): *Planung und Steuerung der Produktion aus betriebswirtschaftlich-technologischer Sicht,* 2. Auflage, München: CW – Publikationen 1985

Eversheim, W. (1989): *Arbeitsvorbereitung,* aus Schriftenreihe: Organisation in der Produktionstechnik, 3. Band, 2. neubearbeitete Auflage, Düsseldorf: VDI-Verlag GmbH 1989

Eversheim, W. (1995): *Prozessorientierte Unternehmensorganisation: Konzepte und Methoden zur Gestaltung „schlanker" Organisationen,* Berlin u. a.: Springer 1995

Felix, H. (1998): *Unternehmens- und Fabrikplanung: Planungsprozesse, Leistungen und Beziehungen*, aus Schriftenreihe: Betriebsorganisation, REFA (Hrsg), München u.a.: Carl Hanser Verlag 1998

Fischermanns, G. / Liebelt, W. (2000): *Grundlagen der Prozessorganisation*, aus Schriftenreihe: Organisation, 5. Auflage, Gießen: Dr. Götz Schmidt 2000

Food and Beverage Management Association e. V. (2003): *Definition von Kaizen*
URL: http://www.fbma.de/kaizen/definiti.htm
Stand: 25. März 2003

Fraunhofer Institut für Materialfluss und Logistik (2002a): *Geschäftsprozessoptimierung und Prozesskostenrechnung*, Erfahrungsbericht, 2002
URL: http://www.iml.fraunhofer.de/229.html
Stand: 05. Februar 2003

Fraunhofer Institut für Materialfluss und Logistik (2002b): *REFA-Methoden und Instrumente: Optimierung von Geschäftsprozessen und Betriebslogistik*, 2002
URL: http://www.iml.fraunhofer.de/356.html
Stand: 05. Februar 2003

Fraunhofer Institut für Materialfluss und Logistik (2002c): *REFA-Methoden und Instrumente: Planung von Materialflusssystemen - Konzeptplanung*, 2002
URL: http://www.iml.fraunhofer.de/447.html
Stand: 05. Februar 2003

Fraunhofer Institut für Materialfluss und Logistik (2002d): *Planung von Materialflusssystemen: Inbetriebnahmebegleitung*,
URL: http://www.iml.fraunhofer.de/451.html
Stand: 05. Februar 2003

Freidinger, R. (2002): *Geschäftsprozesse im Unternehmen*, Esslingen: o. V. 2002

Gaitanides, M. (1983): *Prozessorganisation: Entwicklung, Ansätze, u. Programme prozessorientierter Organisationsgestaltung von Michael Gaitanides*, München: Verlag Vahlen: 1983

Gaitanides, M. / Scholz, R. / Vrohlings, A. / Raster, M. (1994a): *Prozessmanagement: Konzepte, Umsetzungen und Erfahrungen des Reengineering*, München u. a.: Carl Hanser Verlag 1994

Gaitanides, M. / Scholz, R. / Vrohlings, A. / Raster, M. (1994b): *Prozessmanagement – Grundlagen und Zielsetzungen*, in: Prozessmanagement: Konzepte, Umsetzungen und Erfahrungen des Reengineering, München u. a.: Carl Hanser Verlag 1994, S. 1 – 20

Ghoshal, S. / Bartlett, Chr. A. (1996): *Rebuilding Behavioural Context: A Blueprint for Corporate Renewal*, in: Sloan Management Review, Winter 1996, S. 23 – 36

Grab, E. (1997): *Fabrik modern: Organisation vor Automation*, in: Innovation – Triebfedern erfolgreicher Geschäftsprozessgestaltung, Deutsches Industrial-Engineering-Jahrbuch 1997, REFA-Industrial-Engineering (Hrsg.), Darmstadt: REFA 1997

Grabatin, G. (1980): *Effizienz von Organisationen*, Dissertation TH Darmstadt 1991

Grabatin, G. / Katscher, W. / Schmidt, M. (1999): *Prozessoptimierung – Erfahrungen bei der Reorganisation und Optimierung der Auftragsabwicklung in einem EDV-Unternehmen*, in: Forum Prozessinnovation Nr. 11, G. Grabatin / N. Grau (Hrsg.), Gießen 1999

Göltenboth, H. (1997): *Arbeitsvorbereitung im Umbruch – Entwicklungen, Unsicherheiten, Zwänge, Risiken und Chancen*, in: REFA-Nachrichten, Heft 1, 1997, S. 20 – 26

Hall, G. / Rosenthal, J. / Wade, J. (1994): *Reengineering: Es braucht kein Flop zu werden*, in Harvard Business Manager, Jg. 16, Heft 4, 1994, S. 82 – 93

Hallmann, P. (1997): *Prozessoptimierung in Vermarktungsprozessen*, in: Beschleunigung von Geschäftsprozessen. Wettbewerbsvorteile durch Lernfähigkeit, H.-C. Riekhof (Hrsg.), Stuttgart: Schäffer-Poeschel Verlag 1997, S. 151 – 161

Hammer, M. / Champy, J. (1995): *Business Reengineering: Die Radikalkur für das Unternehmen*, 5. Auflage, Frankfurt am Main u. a.: Campus Verlag 1995

Hansen, W. / Kamiske, G. F. (1995): *Qualitätsmanagement im Unternehmen. Grundlagen, Methoden und Werkzeuge, Praxisbeispiele*, W. Hansen (Hrsg.), Heidelberg: Springer Verlag 1995

Hansen, W. (1996): *Qualität sichern oder managen – Ist der Weg das Ziel?*, aus Schriftenreihe: Ernst-Abbe-Kolloquium Jena, Heft 13, Ernst-Abbe-Stiftung (Hrsg.), Jena: Universitäts-Verlag 1996

Harrington, H. J. (1991): *Business Process Improvement: The breakthrough strategy for total quality, productivity, and competitiveness*, New York: McGraw-Hill 1991

Heimann, A. (1995): *Prozessoptimierung in der Arbeitsvorbereitung*, in: Geschäftsprozessoptimierung – Strukturwandel als Chance im Wettbewerb, Deutsches Industrial-Engineering-Jahrbuch 1995, REFA-Industrial-Engineering (Hrsg.), Darmstadt: REFA 1995

Heinz, K. / Olbrich, R. (1989): *Zeitdatenermittlung in indirekten Bereichen*, Köln: TÜV Rheinland 1989

Herrmann, J. (1997): *Die Arbeitsvorbereitung – Dienstleister in erfolgsorientierten Produktionsstrukturen*, in: Innovation – Triebfedern erfolgreicher Geschäftsprozessgestaltung, Deutsches Industrial-Engineering-Jahrbuch 1997, REFA-Industrial-Engineering (Hrsg.), Darmstadt: REFA 1997

Imai, M. (1992): *Kaizen – Der Schlüssel zum Erfolg der Japaner im Unternehmen*, München: Wirtschaftsverlag Langen Müller/Herbig 1992

Imai, M. (1993): *Kaizen: Der Erfolg der Japaner zum Wettbewerb*, 2. Auflage, Berlin u. a.: Lange Müller 1993

Institut für Integrierte Produktion (2001): *Geschäftsprozessoptimierung in Schmiedebetrieben – Ein Weg zur Steigerung der Effizienz in den indirekten Bereichen*, Leitfaden, Institut für Integrierte Produktion Hannover gemeinnützige GmbH (Hrsg.), Hannover: o. V. 2001

Junghanns, W. (1978): *Ein System zur Produktionsplanung und Produktionssteuerung für die Einzel- und Serienfertigung,* in: Praktische Fälle zur Produktionssteuerung, aus Schriftenreihe: Betriebswirtschaftlich-technologische Beiträge zur Theorie und Praxis des Industriebetriebes, Th. Ellingerm (Hrsg.), Band 3, Wiesbaden: Gabler 1978

Just-Hahn, K.-J. / Hagemeyer, J. / Striemer, R. (1998): *Verbesserung von Geschäftsprozessen mit flexiblen Workflow-Management-Systemen (WMS): Ein Überblick über das MOVE-Projekt,* in: Verbesserung von Geschäftsprozessen mit flexiblen Workflow-Management-Systemen: Von der Erhebung zum Sollkonzept, Band 1, Th. Herrmann / A.-W. Scheer / H. Weber (Hrsg.), Heidelberg: Physica 1998, S. 1 – 11

Kaeseler, J. (1999): *Emotionale Erfolgsfaktoren bei der Geschäftsprozessoptimierung: Zwei Fallbeispiele,* in: Prozesskettenmanagement – Erfolgsbeispiele aus der Praxis, aus Schriftenreihe: Unternehmenslogistik, A. Kuhn (Hrsg), Dortmund: Verlag Praxiswissen 1999, S. 77 – 104

Kemmner, G.-A. (1995): *Wettbewerbsfähigkeit durch Prozessoptimierung – mit westlichem Denken zu Kostensenkung und Leistungssteigerung im Unternehmen,* in: Geschäftsprozessoptimierung – Strukturwandel als Chance im Wettbewerb, Deutsches Industrial-Engineering-Jahrbuch 1995, REFA-Industrial-Engineering (Hrsg.), Darmstadt: REFA 1995

Kuhlang, P. (2001): *Prozessoptimierung und analytische Personalbedarfsplanung,* aus Schriftenreihe: Telekommunikation, Information und Medien, Band 12, Donau-Unviversiät Krems (Hrsg.), Krems: o. V. 2001

Kuhn, A. / Manthey, Chr. (1996): *Kosten- und Leistungstransparenz durch die ressourcenorientierte Prozesskettenanalyse,* in: krp Kostenrechnungspraxis, Jg. 40, Heft 3, 1996, S. 129 – 138

Kuhn, A. (1999): *Prozesskettenmanagement – Erfolgsbeispiele aus der Praxis,* aus Schriftenreihe: Unternehmenslogistik, A. Kuhn (Hrsg), Dortmund: Verlag Praxiswissen 1999

Klöpper, H.-J. (1991): *Logistikorientiertes strategisches Management: Erfolgspotentiale im Wettbewerb,* Dissertation Universität Dortmund 1991

Kratzer, V. (1980): *Empirisch-komperative Analyse des Verlaufs von Reorganisationsprozessen. Befunde und kritische Beurteilung einer Felduntersuchung,* Dissertation Universität München 1980

Liebelt, W. / Sulzberger, M. (1992): *Grundlagen der Ablauforganisation,* aus Schriftenreihe: Der Organisator, Band 9, 2. Auflage, Gießen: Dr. Götz Schmidt 1992

Loos, P. (1999): *Grunddatenverwaltung und Betriebsdatenerfassung als Basis der Produktionsplanung und -steuerung,* in: Produktionscontrolling, H. Corsten / B. Friedl (Hrsg.), München: Verlag Vahlen 1999, S. 227 – 252

Möhringer, S. (1998): *Integrierte rechnergestützte Angebotsbearbeitung im kundenspezifischen Maschinen- und Anlagenbau,* Fortschritt-Berichte VDI Reihe 16 Nr. 102, Düsseldorf: VDI Verlag 1998

Neuscheler, F. (1995): *Ein integrierter Ansatz zur Analyse und Bewertung von Geschäftsprozessen,* Dissertation Universität Karlsruhe 1995

Nippa, M., / Schnopp, R. (1990): *Ein praxiserprobtes Konzept zur Gestaltung der Entwicklungszeit*, in: Durchlaufzeiten in der Entwicklung, R. Reichwald / H. J. Schmelzer (Hrsg.), München u.a.: Carl Hanser Verlag 1990, S. 115 – 155

Pieske, R. (1997): *Kundenzufriedenheit im Fokus von Reengineering und lernender Organisation*, in: Beschleunigung von Geschäftsprozessen. Wettbewerbsvorteile durch Lernfähigkeit, H.-C. Riekhof (Hrsg.), Stuttgart: Schäffer-Poeschel Verlag 1997, S. 63 – 84

Porter, M. E. (1989): *Wettbewerbsvorteile (Competitive Advantage): Spitzenleistungen erreichen und behaupten*, Sonderausgabe, Frankfurt am Main u. a.: Campus Verlag 1989

REFA (1992): *Methodenlehre der Betriebsorganisation, Ablauforganisation im Bürobereich*, Verband für Arbeitsstudien und Betriebsorganisation e. V. (Hrsg.), München u.a.: Carl Hanser Verlag 1992

Riekhof, H.-C. (1997a): *Beschleunigung von Geschäftsprozessen. Wettbewerbsvorteile durch Lernfähigkeit: Mit Fallstudien von AFG – Bosch – Phoenix – Siemens – Volkswagen – Würth*, H.-C. Riekhof (Hrsg.), Stuttgart: Schäffer-Poeschel Verlag 1997

Riekhof, H.-C. (1997b): *Die Idee des Geschäftsprozesses: Basis der lernenden Organisation*, in: Beschleunigung von Geschäftsprozessen. Wettbewerbsvorteile durch Lernfähigkeit, H.-C. Riekhof (Hrsg.), Stuttgart: Schäffer-Poeschel Verlag 1997, S. 7 – 28

Schmelzer, H.-J. / Sesselmann, W. (2002): *Geschäftsprozessmanagement in der Praxis: Kunden zufrieden stellen – Produktivität steigern – Wert erhöhen*, 2. vollst. überarb. Auflage, München u. a.: Carl Hanser Verlag 2002

Schneider, J. (1997) *Change Management: Vom Prozessengineering zur Unternehmenstransformation*, in: Beschleunigung von Geschäftsprozessen. Wettbewerbsvorteile durch Lernfähigkeit, H.-C. Riekhof (Hrsg.), Stuttgart: Schäffer-Poeschel Verlag 1997, S. 89 – 101

Scholz, R. (1993): *Geschäftsprozessoptimierung: crossfunktionale Rationalisierung oder strukturelle Reorganisation*, Dissertation Universität der Bundeswehr 1993

Scholz, R. / Vrohlings, A. (1994a): *Realisierung von Prozessmanagement*, in: Prozessmanagement: Konzepte, Umsetzungen und Erfahrungen des Reengineering, München u. a.: Carl Hanser Verlag 1994, S. 21 – 36

Scholz, R. / Vrohlings, A. (1994b): *Prozess-Struktur-Transparenz*, in: Prozessmanagement: Konzepte, Umsetzungen und Erfahrungen des Reengineering, München u. a.: Carl Hanser Verlag 1994, S. 37 – 56

Scholz, R. / Vrohlings, A. (1994c): *Prozess-Leistungs-Transparenz*, in: Prozessmanagement: Konzepte, Umsetzungen und Erfahrungen des Reengineering, München u. a.: Carl Hanser Verlag 1994, S. 57 – 98

Scholz, R. / Vrohlings, A. (1994d): *Prozess-Redesign und kontinuierliche Verbesserung*, in: Prozessmanagement: Konzepte, Umsetzungen und Erfahrungen des Reengineering, München u. a.: Carl Hanser Verlag 1994, S. 99 – 122

Specht, G. / Schmelzer, H.-J. (1991): *Qualitätsmanagement in der Produktentwicklung*, aus Schriftenreihe: Management von Forschung, Entwicklung und Innovation, K. Brockhoff / M. Domsch (Hrsg.), Band 7, Stuttgart: Poeschel Verlag 1991

Striening, H.-D. (1988a): *Prozessmanagement. Versuch eines integrierten Konzeptes situationsadäquater Gestaltung von Verwaltungsprozessen – dargestellt am Beispiel in einem multinationalen Unternehmen – IBM Deutschland GmbH*, Disseratation Universität Kaiserslautern, 1988

Striening, H.-D. (1988b): *Prozessmanagement – Ein Weg zur Hebung der Produktivitätsreserven im indirekten Bereich*, in: Technologie und Management, Jg. 37, Heft 3, 1988, S. 16 – 26

Thommen, J.-P. / Achleitner, A.-K. (1998): *Allgemeine Betriebswirtschaftslehre: umfassende Einführung aus managementorientierter Sicht*, 2. vollst. überarb. und erw. Auflage, Wiesbaden: Gabler Verlag 1998

Von Eiff, W. (1995): *Geschäftsprozessmanagement – die Prinzipien des schlanken Managements prozessorientiert Umsetzen*, in: Geschäftsprozessoptimierung – Strukturwandel als Chance im Wettbewerb, Deutsches Industrial-Engineering-Jahrbuch 1995, REFA-Industrial-Engineering (Hrsg.), Darmstadt: REFA 1995

Wendler, H. (1997): *Geschäftsprozessoptimierung als Voraussetzung für IT-gestützte Vorgangsbearbeitung*, Beitrag auf dem Anwenderforum 1997 des Kooperationsausschuss ADV, 1997
URL: http://www.koopa.de/Arbeitsgruppen/Vorgangsbearbeitung/Geschaeftsprozessoptimierung.asp
Stand: 12. Januar 2003

Wildemann, H. (1982): *Werkstattsteuerung. Manuelle und DV – gestützte Lösungen*, aus Schriftenreihe: Produktionsplanung und Produktionssteuerung, 8. Merkblatt, Rationalisierungs-Kuratorium der Deutschen Wirtschaft e. V. (Hrsg.), Düsseldorf 1982

Wildemann, H. (1992): *Zeitmanagement: Strategien zur Steigerung der Wettbewerbsfähigkeit*, H. Wildemann (Hrsg.), Frankfurt: Frankfurter Allgemeine, Verlagsbereich Wirtschaftsbücher 1992

Winz, G. / Quint, M (1997): *Prozesskettenmanagement – Leitfaden für die Praxis*, aus Schriftenreihe: Spektrum 2000, A. Kuhn (Hrsg.), Dortmund: Verlag Praxiswissen 1997

Wolf, J. / Stammen, M. (2001): *4 Stufen bis zur Erleuchtung – Prozessoptimierung: Ein vierstufiges Vorgehensmodell erleichtert den Umgang mit Prozessmodellierungs-Tools*, in: IT – Magazin, Heft 11, S. 55 – 56

Zilch, A. (1994): AS/400 im Einsatz: Anwendungen – Kostenvergleiche – Perspektiven, München: Computerwoche Verlag GmbH 1994